Gottesfurcht

Rudolf Ebertshäuser

Gottesfurcht

Eine lebenswichtige Tugend in der Endzeit

Rudolf Ebertshäuser

edition & buchhandlung • stiftung
Nehemia

Zum Verfasser
Rudolf Ebertshäuser, Jahrgang 1953, war lange Jahre Marxist und suchte später im alternativen Lebensstil und in esoterischen Lehren nach dem Sinn des Lebens. Nach seiner Bekehrung im Alter von 30 Jahren kam er als junger Gläubiger in charismatische Kreise und arbeitete eine zeitlang aktiv in einer charismatischen Gemeinde mit. 1992 erfolgte die völlige Loslösung von dieser Bewegung. 1995 erschien sein Buch »Die Charismatische Bewegung im Licht der Bibel«. Von 1995 - 2003 arbeitete er an der Revision der Schlachter-Bibel mit. In den folgenden Jahren veröffentlichte er mehrere aufklärende Bücher, z. B. über die Gemeindewachstumsbewegung und die Emerging Church, sowie mehrere erbauliche Bücher, z. B. über Heiligung und geistliche Reife. Seit einigen Jahren hält er Vorträge über die Charismatische Bewegung, über die Bibel und über verschiedene geistliche Themen; er gibt biblische Aufklärungsschriften im ESRA-Schriftendienst heraus und steht im Verkündigungs- und Hirtendienst in einer bibeltreuen Gemeinde.

Dieses Buch ist bei Ihrer christlichen Buchhandlung erhältlich sowie unter anderem bei folgender Versandbuchhandlung:

Edition Nehemia
Sanddornweg 1, CH-3613 Steffisburg
Tel.: +41 33/437 63 43, info@edition-n.ch
www.edition-nehemia.ch

1. Auflage 2015

ISBN: 978-3-906289-07-6
Artikel-Nr.: 588 507

Herausgeber: Edition Nehemia, Steffisburg
Umschlaggestaltung: Christoph Berger
Satz: Edition Nehemia
Druck und Bindung: BasseDruck, Hagen
Printed in Germany

Inhalt

Vorwort

Gottesfurcht als lebenswichtige geistliche Tugend in unserer letzten Zeit – dieses Thema liegt mir schon einige Jahre auf dem Herzen. Es ist mir ein Anliegen, im vorliegenden Buch die wichtigsten biblischen Aussagen über diese so wichtige und heute leider vernachlässigte geistliche Charaktereigenschaft zusammenzutragen und auszulegen.

Dieses Buch richtet sich an alle Gläubigen, die in der heutigen Zeit dem Herrn Jesus ernsthaft nachfolgen wollen. Es ist ein Aufruf, unseren Gott zu fürchten, wie es die Bibel lehrt, und in dieser Gottesfurcht zuzunehmen, uns darin zu üben, wie der 1. Timotheusbrief es uns sagt (vgl. 1Tim 4,7). Ich bitte um Verständnis dafür, daß manche Aussagen zum heutigen Zustand der Christenheit vielleicht etwas verkürzt und zugespitzt wirken; ich wollte einen Weckruf schreiben und keine wohlabgewogene theologische Abhandlung.

Unsere Not ist, daß wir vielfach die echte, von der Bibel vermittelte »Furcht des HERRN« gar nicht mehr kennen. Das bewirkt zwangsläufig eine bedenkliche Schieflage in unserem Glaubensleben, denn *»die Furcht des HERRN ist der Anfang der Erkenntnis«* (Spr 1,7).

Umso wichtiger ist es, von den zahlreichen Aussagen der Bibel her unseren ehrfurchtgebietenden Gott vertieft kennenzulernen und zugleich von Ihm zu lernen, was ein Leben in der Grundhaltung der Gottesfurcht konkret bedeutet. Dazu will das vorliegende Buch Hilfestellung geben.

Deshalb finden sich auf den folgenden Seiten viele Aussagen aus dem Buch der Bücher, der Bibel, wörtlich angeführt. Ich habe ganz bewußt der Heiligen Schrift so viel Raum gegeben, weil ich davon überzeugt bin, daß in allererster Linie das Wort Gottes selbst uns zur Gottesfurcht anspornen kann, indem es uns den ehrfurchtgebietenden Gott, den Schöpfer des Himmels und der Erde, groß macht.

Manchmal hat es sich auch nicht vermeiden lassen, daß gewisse Bibelworte, die für unser Thema von besonderer Bedeutung sind, mehrfach angeführt wurden, so wie sich bei der Behandlung der einzelnen Themen gewisse Überschneidungen nicht vermeiden ließen. Ich habe das Buch so angelegt, daß es in einzelnen Abschnitten gelesen werden kann, die für sich stehen; das kann auch im Rahmen der »Stillen Zeit« geschehen.

Ich hoffe und bete, daß dieses Buch auch von jungen Christen gelesen wird. Sie bekommen heute vielfach kaum noch echte Gottesfurcht vermittelt; manchmal werden sie regelrecht zu einem lässigen, unehrfürchtigen Umgang mit dem Herrn angeleitet, der ihnen großen geistlichen Schaden zufügt.

Möge unser großer Gott und Vater dieses Buch gebrauchen, um noch viele Seiner Kinder tiefer in eine Herzenshaltung der Gottesfurcht zu führen, damit wir zu Seiner Ehre besonnen und gerecht und gottesfürchtig leben können in der jetzigen Weltzeit!

Leonberg, im August 2015 *Rudolf Ebertshäuser*

Einleitung
Gottesfurcht – eine vernachlässigte Tugend, die wir in der Endzeit dringend brauchen

Die Furcht des HERRN ist der Anfang der Weisheit;
sie macht alle einsichtig, die sie befolgen.
Sein Ruhm bleibt ewiglich bestehen. (Ps 111,10)

Denn die Gnade Gottes ist erschienen,
die heilbringend ist für alle Menschen;
sie nimmt uns in Zucht, damit wir die Gottlosigkeit
und die weltlichen Begierden verleugnen
und besonnen und gerecht und gottesfürchtig
leben in der jetzigen Weltzeit,
indem wir die glückselige Hoffnung erwarten
und die Erscheinung der Herrlichkeit des großen Gottes
und unseres Retters Jesus Christus ...
(Tit 2,11-13)

Wir leben in der Endzeit, in jenen letzten Tagen vor der Wiederkunft unseres Herrn Jesus Christus, von denen die Bibel uns so manches mitteilt – unter anderem auch, daß dies eine Zeit sein wird, wo viele »Christen« nur noch eine äußere Form von Gottesfurcht haben (2Tim 3,5).

Stattdessen wird in dieser Zeit das genaue Gegenteil von Gottesfurcht überhandnehmen, nämlich die *Gottlosigkeit*, das Fehlen von Ehrfurcht vor Gott, dreiste Gesetzlosigkeit und frevelhafte Auflehnung gegen Gott. Und das nicht nur irgendwo bei den Heiden oder Atheisten, sondern inmitten der Christenheit, ja sogar inmitten der gläubigen Gemeinde.

Das aber sollst du wissen, daß in den letzten Tagen schlimme Zeiten eintreten werden. Denn die Menschen werden sich selbst lieben, geldgierig sein, prahlerisch, überheblich, Lästerer, den Eltern ungehorsam, undankbar, unheilig, lieblos, unversöhnlich, verleumderisch, unbeherrscht, gewalttätig, dem Guten feind, Verräter, leichtsinnig, aufgeblasen; sie lieben das Vergnügen mehr als Gott; dabei haben sie den äußeren Schein von Gottesfurcht, deren Kraft aber verleugnen sie. Von solchen wende dich ab! (2Tim 3,1-5)

Und es werden viele falsche Propheten auftreten und werden viele verführen. Und weil die Gesetzlosigkeit überhand nimmt, wird die Liebe in vielen erkalten. (Mt 24,11-12)

Ihr aber, Geliebte, erinnert euch an die Worte, die im voraus von den Aposteln unseres Herrn Jesus Christus gesprochen worden sind, als sie euch sagten: In der letzten Zeit werden Spötter auftreten, die nach ihren eigenen gottlosen Lüsten wandeln. (Jud 1,17-18)

Diese prophetischen Worte sind in der heutigen Zeit, mitten unter uns, leider traurige Wirklichkeit geworden. Viele, die sich Christen nennen, verleugnen in ihrem Lebenswandel ganz locker und unbefangen die heiligen Gebote Gottes, so als gebe es keinen Gott, der sie einmal richten wird.

Junge Leute leben ohne Eheschließung in unverbindlichen »Freundschaften« zusammen, obwohl das die Bibel als Hurerei bzw. Unzucht und damit als ernste Sünde gegen Gott bezeichnet. Ehescheidung und Wiederverheiratung werden immer häufiger, obwohl die Bibel sagt: »*Ich hasse die Ehescheidung, spricht der* Herr« (Mal 2,16). Frauen werden zu Predigerinnen und Gemeindeleiterinnen eingesetzt in offener Mißachtung des Gebotes von 1Tim 2,11-12; Drogengenuß wird verharmlost, und sogar die Homosexualität wird gerechtfertigt und entschuldigt.

In vielen Gemeinden, die sich noch »christlich« nennen, steht der Mensch mit seinen Bedürfnissen immer mehr im Mittelpunkt, während Gott, Sein Wort und Seine heiligen Ordnungen zunehmend mißachtet oder an den Rand gedrängt werden. »Predigten« (oft zeitgeistgerecht als »Inputs« deklariert) dauern nur noch 20 Minuten und dürfen nicht mehr ermahnen oder Sünde beim Namen nennen; nur noch »Positives« ist gefragt.

Weltliche Rockmusik, charismatischer »Lobpreis«, Kino und Theater prägen viele moderne »Gottesdienste«, über Heiliges wird lässig und scherzend geredet. Der allmächtige Gott wird als toleranter »Daddy« angesehen, der die Fehltritte seiner Kinder angeblich nachsichtig absegnet; der Herr Jesus Christus wird als »unser Kumpel« betrachtet, den man in die Disco mitnehmen könne, um »Spaß zu haben«.

Viele heutige »Christen« sind auf einem erschreckenden Egotrip, der auch noch fromm gerechtfertigt wird. Statt sich selbst zu verleugnen und ihr Kreuz auf sich zu nehmen, lieben sie sich selbst, was Gottes Wort ausdrücklich verurteilt (2Tim 3,2). Man jagt nach Selbstverwirklichung, Karriere, schönen Häusern und luxuriösen Urlaubsreisen.

Frauen wollen z. B. nicht zuviele Kinder, damit sie eine »tolle Figur« behalten oder rasch wieder ins Berufsleben einsteigen können. Man paßt sich in immer mehr Dingen der Welt an, obgleich Gottes Wort das verbietet (Röm 12,2) und uns warnt, daß die Freundschaft mit der Welt Feindschaft gegen Gott bedeutet (vgl. Jak 4,4).

So greift ein falsches, mit Gottes Wort unvereinbares »Christentum« um sich, das keine Furcht Gottes mehr kennt. Die Bibel, Gottes heiliges Wort, wird im praktischen Leben mißachtet und ihrer verbindlichen Autorität beraubt. Wahrhaftig, die Frage des Propheten Jesaja ist heute bestürzend aktuell: »*Wer unter euch fürchtet den Herrn? Wer gehorcht der Stimme seines Knechtes?*« (Jes 50,10). Es sind leider nur noch wenige. Wie es der Prophet Jeremia vom abtrünnigen Israel sagte:

> *Höre doch dies, du törichtes Volk ohne Einsicht, die ihr Augen habt und doch nicht seht, die ihr Ohren habt und doch nicht hört! Mich wollt ihr nicht fürchten, spricht der Herr, vor mir nicht*

erzittern, der ich dem Meer den Sand zur Grenze gesetzt habe, zur ewigen Schranke, die es nicht überschreiten darf? (...) Aber dieses Volk hat ein halsstarriges, aufrührerisches Herz; sie haben sich abgewandt und sind davongelaufen ... (Jer 5,21-23)

Immer mehr moderne und postmoderne »Christen« leugnen offen die göttliche Inspiration und Autorität der Heiligen Schrift und akzeptieren sie nur noch als interessante »Geschichte«, aus der jeder seine eigenen Schlußfolgerungen ziehen kann.

Schlimmer noch, immer mehr »Christen« verleugnen ihren Herrn und Erlöser, indem sie Sein sühnendes Opfer auf Golgatha und Sein Erlösungsblut abwerten und dem liberaltheologischen Märchen folgen, daß der heilige Gott angeblich das Opfer Seines Sohnes nicht brauche, um Sünden zu vergeben.

All das ist im Innersten schon Abfall von Christus, dreister Frevel, der das Zorngericht Gottes über diese »Christen des breiten Weges« bringen wird (vgl. 2Thess 1,8-9).

Ich nenne sie »Christen des breiten Weges«, weil sie eine angebliche Rettung ohne wirkliche Buße und Herzensumkehr zu Gott verkünden, ein Christentum ohne echte Nachfolge, ohne das Kreuz, das Mitgekreuzigtsein mit Christus, ohne Heiligung, ohne Absonderung von der Welt. Sie sind die »vielen«, von denen unser Herr so ernst in Seiner heute wenig beachteten Warnung spricht:

Geht ein durch die enge Pforte! Denn die Pforte ist weit und der Weg ist breit, der ins Verderben führt; und viele sind es, die da hineingehen. Denn die Pforte ist eng und der Weg ist schmal, der zum Leben führt; und wenige sind es, die ihn finden. (Mt 7,13-14)

Diese endzeitlichen geistlichen Strömungen beeinflussen leider auch wahre Kinder Gottes und bibeltreue Gemeinden. Die Auswirkungen des Zeitgeistes und der allgemeinen Gesetzlosigkeit gehen an uns Gläubigen nicht spurlos vorüber.

Auch bei uns treffen wir auf ein allmähliches Abnehmen der Gottesfurcht, auf ein Erkalten der Liebe zum Herrn. Das Wort Gottes wird nicht mehr so ernst genommen, Sünde und Anpassung an die Welt werden verharmlost und gerechtfertigt (»Was ist denn dabei?«); unsere Gemeinden und unser persönliches Zeugnis nehmen Schaden.

Und du und ich? Wo stehen wir in dieser Entwicklung? Wie stehen wir zum Herrn? Fürchten wir Ihn? Haben wir Ehrfurcht vor Seinem heiligen Wort? Ehren wir Ihn durch Gehorsam und eifrigen Dienst? Oder laufen wir mit auf dem breiten Weg, den doch heute jeder geht?

Vielleicht stehen wir auch irgendwo dazwischen, mit einem zwiespältigen Herzen, hin- und hergerissen zwischen den Verlokkungen der Welt und des Fleisches und dem Ruf unseres Herrn zur Nachfolge? Vielleicht hinken wir auf beiden Seiten?

Dieses Buch will uns durch verschiedene Aussagen in der Bibel ermutigen, ganz bewußt den Weg der Gottesfurcht und des hingegebenen Dienstes für unseren Herrn Jesus Christus zu gehen, statt mit der großen Schar der ehrfurchtslosen Namenschristen mitzuschwimmen.

I. Unser ehrfurchtgebietender Gott

Gott ist sehr gefürchtet im Kreis der Heiligen
und furchtgebietend über alle um ihn her.
(Ps 89,8)

Du bist zu fürchten,
und wer kann vor deinem Angesicht bestehen,
wenn dein Zorn entbrennt?
(Ps 76,8)

Haben wir unseren Gott, den Gott der Bibel, schon recht erkannt? Gottes Wort sagt uns: »*Das ist aber das ewige Leben, daß sie dich, den allein wahren Gott, und den du gesandt hast, Jesus Christus, erkennen*« (Joh 17,3). Es sagt uns aber auch: »*Die Furcht des HERRN ist der Anfang der Erkenntnis*« (Spr 1,7).

Das bedeutet doch: Wenn ich den lebendigen Gott der Bibel richtig erkannt habe, dann bewirkt das zuallererst einmal Ehrfurcht vor Ihm in meinem Herzen. Diese Ehrfurcht vor Gott ist die Grundlage, der Anfang wahrer Gotteserkenntnis. Wenn ich keine Furcht des HERRN habe, dann habe ich den wahren Gott noch gar nicht richtig erkannt.

Weshalb ist das so? Nun, die Antwort ist ganz einfach: Weil der Gott der Bibel, unser Retter-Gott, der Vater unseres Herrn Jesus Christus, ein furchtgebietender, heiliger Gott ist, dessen Allmacht und Majestät bei jedem Menschengeschöpf eigentlich Ehrfurcht hervorrufen müssen.

Gott ist im Vergleich zu uns nichtigen, winzigen Menschen so groß und herrlich, so mächtig und stark, daß allein schon das uns zur Ehrfurcht anspornen muß. Gott ist aber auch so heilig und gerecht und haßt die Sünde so sehr, daß auch diese Wesenseigenschaft Gottes uns, die wir von Natur aus Sünder sind und uns mit zahllosen Sünden befleckt haben, mit Furcht erfüllen muß.

Wir wollen uns einige Aussagen der Bibel vor Augen führen, die bezeugen, daß der wahre Gott, der Schöpfer des Himmels und der Erde, ein *ehrfurchtgebietender*[1] Gott ist. Das beginnt mit dem Bericht des 1. Buches Mose, in dem Jakob eine Begegnung mit Gott hat:

> *Als nun Jakob von seinem Schlaf erwachte, sprach er: Wahrlich, der HERR ist an diesem Ort, und ich wußte es nicht! Und er fürchtete sich und sprach: Wie furchtgebietend ist diese Stätte! Hier ist nichts anderes als das Haus Gottes, und dies ist die Pforte des Himmels! (1Mo 28,16-17)*

Die Kinder Israels bezeugen nach der wunderbaren, furchterregenden Rettung, in der der HERR sie trockenen Fußes durch das Rote Meer führte, während die aufgetürmten Wassermassen die Feinde Gottes verschlangen:

> *Wer ist dir gleich unter den Göttern, o HERR? Wer ist dir gleich, herrlich in Heiligkeit, furchtgebietend in Ruhmestaten, Wunder vollbringend? (2Mo 15,11)*

Durch Mose offenbart sich der Gott des Himmels und der Erde dem Volk Israel, Seinem auserwählten Volk, als der allerhöchste Gott und gebietet Seinem Volk ausdrücklich, daß sie Ihn fürchten sollen:

> *Siehe, der Himmel und aller Himmel Himmel und die Erde und alles, was in ihr ist, gehört dem HERRN, deinem Gott; dennoch hat der HERR allein deinen Vätern sein Herz zugewandt, daß er sie liebte; und er hat ihren Samen nach ihnen aus allen Völkern erwählt, nämlich euch, wie es heute der Fall ist. So beschneidet nun die Vorhaut eures Herzens und seid nicht mehr halsstarrig!* ***Denn***

---

1 Viele Bibelübersetzungen geben dieses Wort mit »furchtbar« wieder; in der Schlachterbibel 2000 wird es meist mit »furchtgebietend« oder »ehrfurchtgebietend« übersetzt. »Furchtbar« bedeutet ursprünglich eigentlich genau dasselbe, aber heute wirkt es mißverständlich.

> ***der Herr, euer Gott, Er ist der Gott der Götter und der Herr der Herren, der große, mächtige und furchtgebietende Gott,*** *der die Person nicht ansieht und kein Bestechungsgeschenk annimmt (…)* ***Du sollst den Herrn, deinen Gott, fürchten;*** *ihm sollst du dienen, ihm sollst du anhängen und bei seinem Namen schwören. (5Mo 10,14-20)*

Auch später finden wir immer wieder den Aufruf des Herrn, des Gottes Israels, an Sein Volk, Ihn zu fürchten und Ihm in Ehrfurcht zu dienen:

> *So soll nun keiner seinen Nächsten übervorteilen;* ***sondern du sollst dich fürchten vor deinem Gott;*** *denn ich, der Herr, bin euer Gott! (3Mo 25,17)*

> ***O wenn sie doch immer ein solches Herz hätten, mich zu fürchten und alle meine Gebote allezeit zu halten,*** *damit es ihnen gut ginge und ihren Kindern ewiglich! (5Mo 5,29)*

> ***Dem Herrn, eurem Gott, sollt ihr nachfolgen und ihn fürchten*** *und seine Gebote halten und seiner Stimme gehorchen und ihm dienen und ihm anhängen. (5Mo 13,5)*

> *Nennt nicht alles Verschwörung, was dieses Volk Verschwörung nennt, und vor dem, was es fürchtet, fürchtet euch nicht und erschreckt nicht davor!* ***Den Herrn der Heerscharen, den sollt ihr heiligen; er sei eure Furcht und euer Schrecken!*** *(Jes 8,12-13)*

Doch der Aufruf, Gott zu fürchten, gilt allen Menschengeschöpfen auf der Erde, auch den Heidenvölkern. Gott als der oberste Herrscher und Richter der ganzen Erde soll von ausnahmslos allen Seinen Geschöpfen gefürchtet werden; das bezeugt uns die Bibel immer wieder:

> *Doch dir, o Herr, ist niemand gleich! Groß bist du, und groß ist dein Name an Macht!* ***Wer sollte dich nicht fürchten, du König***

der Völker? Denn dir gebührt dies; *unter allen Weisen der Völker und in allen ihren Königreichen ist ja keiner wie du! (Jer 10,6-7)*

Es ist von mir ein Befehl erlassen worden, ***daß man sich im ganzen Bereich meiner Herrschaft vor dem Gott Daniels fürchten und scheuen soll;*** *denn er ist der lebendige Gott, welcher in Ewigkeit bleibt, und sein Königreich wird nie zugrundegehen, und seine Herrschaft hat kein Ende. (Dan 6,27)*

Und ich sah einen anderen Engel inmitten des Himmels fliegen, der hatte ein ewiges Evangelium zu verkündigen denen, die auf der Erde wohnen, und zwar jeder Nation und jedem Volksstamm und jeder Sprache und jedem Volk. Der sprach mit lauter Stimme: ***Fürchtet Gott und gebt ihm die Ehre****, denn die Stunde seines Gerichts ist gekommen; und betet den an, der den Himmel und die Erde und das Meer und die Wasserquellen gemacht hat! (Offb 14,6-7)*

1. Wie wir den ehrfurchtgebietenden wahren Gott erkennen können

Wir wollen uns noch etwas mehr mit dem Wesen Gottes beschäftigen, so wie es uns die Bibel offenbart. Zuerst aber sollten wir uns bewußt machen, daß viele Menschen, auch viele Christen, in der Gefahr stehen, sich ein falsches, von ihrer begrenzten menschlichen Sichtweise entstelltes Bild von Gott zu machen.

Der Mensch macht sich ein falsches Bild von Gott

Wir können und dürfen uns ja nicht ein eigenmächtiges Bild von Gott machen, so wie wir Ihn uns vorstellen oder wie wir Ihn gerne hätten; nein, was immer wir von Gott wissen, das hat Er uns zuvor in Seinem Wort geoffenbart. Niemand hat den unsichtbaren Gott des Himmels je gesehen; wir können Ihn nur erkennen, wenn wir demütig und betend Sein Wort lesen, in dem Er uns zeigt, wie Er ist. Dazu brauchen wir auch die erleuchtende Wirkung des Heiligen Geistes, weil wir von Natur aus die göttlichen Dinge nicht erkennen können (1Kor 2,14).

Wenn wir uns in unserer Gotteserkenntnis auf uns selbst, auf unseren Verstand verlassen würden, dann müßten wir irregehen und zu einer verfälschten, irreführenden Vorstellung von Gott kommen, denn unser Verstand und Geist ist durch die Sünde verdunkelt, so daß wir Gott nicht richtig und zuverlässig erkennen können.

Wohl können wir an den Werken der Schöpfung sehen, daß es einen Gott geben muß, der mächtig und groß ist (vgl. Röm 1,18-21), aber Gottes eigentliches Wesen kann der Mensch mit seinem durch die Sünde verdrehten Verstand nicht erfassen, ebensowenig Seine Liebe und Gnade.

Von Natur sind wir in unserem Denken der Nichtigkeit verfallen und verfinstert, wie uns das Wort Gottes bezeugt: »... *wie die übrigen Heiden wandeln* ***in der Nichtigkeit ihres Sinnes, deren Verstand verfinstert ist*** *und die entfremdet sind dem Leben Gottes, wegen der Unwissenheit, die in ihnen ist, wegen der Verhärtung ihres Herzens*« (Eph 4,17-18).

Der natürliche Mensch, der Sünder macht sich in der Regel sein eigenes Bild von Gott, und seine Sünde treibt ihn dazu, sich vorzustellen, daß Gott so sei wie er selbst.

Das wirft Gott den Frevlern und Ungläubigen in Israel vor, die wohl Sein Wort von ihrem Kopfwissen her kannten, aber es verwarfen, Ihn nach Seinem Wort zu erkennen, und die sich lieber einredeten, Gott sei genauso unrein und wankelmütig, zwiespältig und tolerant gegen die Sünde wie sie selbst:

> *Zu dem Gottlosen aber spricht Gott: »Was zählst du meine Satzungen auf und nimmst meinen Bund in deinen Mund, da du doch Zucht haßt und meine Worte verwirfst? (...) Du sitzt da und redest gegen deinen Bruder; den Sohn deiner Mutter verleumdest du. Das hast du getan, und ich habe geschwiegen;* ***da meintest du, ich sei gleich wie du. Aber ich will dich***

zurechtweisen und es dir vor Augen stellen! *Seht doch das ein, die ihr Gott vergeßt, damit ich nicht hinwegraffe, und keiner rettet! (Ps 50,16-22)*

Die Heidenvölker haben in ihrer Blindheit und Unreinheit ihren falschen Göttern vielfach dieselben sündigen Wesenseigenschaften angedichtet, die sie selbst hatten. So waren etwa die Götzen Griechenlands großenteils lüsterne, wankelmütige, machtgierige, hinterlistige Übermenschen, ein Abbild der sündigen Herzen, die sie erdachten.

Damit verbunden ist die sündige Neigung der Heidenvölker, ihre Götzen zu manipulieren und zu benutzen, um über Beschwörungen, magische Tricks und viele Opfer Vorteile für sich selbst zu gewinnen: Gesundheit, Reichtum und Macht über andere. Der heidnische Götzendienst kennt daher eine dreiste und listige Manipulation seiner falschen Götter (hinter denen ja Dämonen und letztlich Satan stehen, vgl. 1Kor 10,20).

In den heidnischen Religionen stellt der Mensch sich über seine Götter, spielt sie clever gegeneinander aus und benutzt sie, um seine Ziele zu erreichen. Auf der anderen Seite kennen die Heidenvölker auch blinde, panische Angst vor den Anschlägen der bösen Geister, denen sie durch ihren Götzendienst ausgeliefert sind. Beide Fehlhaltungen haben sich auch in das heidnisch geprägte äußerliche Namenschristentum übertragen, besonders in den Katholizismus.

Aber so können wir mit dem wahren Gott, dem Herrscher des Himmels und der Erde, nicht umspringen, sonst kommt das Gericht über uns. Unser ganzes Leben hängt davon ab, daß wir diesen wahren Gott erkennen und Vergebung unserer Sünden von Ihm erlangen.

Deshalb sollten wir uns vor den Einbildungen unseres Herzens hüten und Gott aus Seinem Wort zu erkennen suchen, wie Er wirklich ist. »*Halte dich nicht selbst für weise; fürchte den Herrn und weiche vom Bösen!*« (Spr 3,7); »*Denn wo man viel träumt, da werden auch viel nichtige Worte gemacht. Du aber fürchte Gott!*« (Pred 5,6).

So beruht alle wahre Gotteserkenntnis auf dem geoffenbarten Wort Gottes, auf Seiner gnädigen Selbstmitteilung in der Bibel. Gott wollte, daß wir Ihn, unseren Schöpfer und Herrscher und Richter, erkennen können. Deshalb hat Er uns Sein Wort gegeben, das uns Seine Heilsgeschichte mit der Menschheit mitteilt, uns aber auch vielfältige Lehre über Sein herrliches Wesen, Seine Charakterzüge und Eigenschaften gibt.

Allein dieses durch Gottes Geist eingegebene Wort Gottes kann die Grundlage für unsere Gotteserkenntnis sein. Wenn wir dieses Wort aufrichtig und unter der Wirkung des Heiligen Geistes lesen, dann bewirkt dies auch Gottesfurcht in uns. Das zeigt uns die Bibel anhand der Vorschrift für den König Israels:

> *Wenn er dann auf seinem königlichen Thron sitzt, so soll er eine Abschrift dieses Gesetzes, das vor den levitischen Priestern liegt, in ein Buch schreiben [lassen]. Und dieses soll bei ihm sein,* ***und er soll darin lesen alle Tage seines Lebens, damit er lernt, den HERRN, seinen Gott, zu fürchten,*** *damit er alle Worte dieses Gesetzes und diese Satzungen bewahrt und sie tut … (5Mo 17,18-19)*

Auch für uns Kinder Gottes ist es wichtig, regelmäßig das Wort Gottes zu lesen und darüber nachzusinnen, damit wir in der Furcht des HERRN zunehmen.

Dabei müssen wir jedoch darauf achten, eine gottesfürchtige, wortgetreue Übersetzung wie die alte Lutherbibel, die Schlachterbibel 2000 oder die alte Elberfelder Bibel zu lesen und nicht etwa eine der modernen Übertragungen »in heutigem Deutsch«, in denen großenteils der Begriff »Gottesfurcht« gar nicht mehr vorkommt.[2]

---

2 Vgl. dazu R. Ebertshäuser, *Moderne Bibelübersetzungen unter der Lupe* (Leonberg: Esra-Schriftendienst 4. Aufl. 2014) bzw. Beiträge auf der Webseite **www.das-wort-der-wahrheit.de** unter der Rubrik »Bibel«.

Die Wirkung des Heiligen Geistes ist ebenfalls wesentlich für unsere geistliche Erkenntnis, weil das Wort Gottes ein verfinstertes, durch die Sünde verhärtetes Menschenherz nicht automatisch erleuchtet und verwandelt. Es gab so viele verhärtete Juden zur Zeit des Herrn Jesus, die Pharisäer und Schriftgelehrten, welche die damaligen heiligen Schriften hervorragend kannten und großenteils auswendig hersagen konnten. Ihr Herz aber war blind und verblendet, und sie wiesen den Messias zurück, von dem doch die Schriften Zeugnis gaben.

Auch heute gibt es zahlreiche Theologen, die sich sehr gut in den Texten der Bibel auskennen und doch völlig verfinstert und verloren in ihren Sünden sind, weil sie weder den Gott der Bibel noch Seinen Sohn, den einzigen Retter, daraus erkannt haben.

So brauchen wir den Geist Gottes und Sein erleuchtendes, enthüllendes Wirken, damit wir Gott aus Seinem Wort zuverlässig und klar erkennen können.

> *Uns aber hat es Gott geoffenbart durch seinen Geist; denn der Geist erforscht alles, auch die Tiefen Gottes. Denn wer von den Menschen kennt die [Gedanken] des Menschen als nur der Geist des Menschen, der in ihm ist? So kennt auch niemand die [Gedanken] Gottes als nur der Geist Gottes.* ***Wir aber haben nicht den Geist der Welt empfangen, sondern den Geist, der aus Gott ist, so daß wir wissen können, was uns von Gott geschenkt ist;*** *und davon reden wir auch, nicht in Worten, die von menschlicher Weisheit gelehrt sind, sondern in solchen, die vom Heiligen Geist gelehrt sind, indem wir Geistliches geistlich erklären. (1Kor 2,10-13)*

> *Darum lasse auch ich, nachdem ich von eurem Glauben an den Herrn Jesus und von eurer Liebe zu allen Heiligen gehört habe, nicht ab, für euch zu danken und in meinen Gebeten an euch zu gedenken, daß der Gott unseres Herrn Jesus Christus, der Vater der Herrlichkeit,* ***euch [den] Geist der Weisheit und Offenbarung gebe in der Erkenntnis seiner selbst, erleuchtete Augen eures Verständnisses, damit ihr wißt, was die Hoffnung seiner***

***Berufung und was der Reichtum der Herrlichkeit seines Erbes in den Heiligen ist** ... (Eph 1,15-18)*

Auch als gläubige Kinder Gottes, die wir den Heiligen Geist empfangen haben, der in uns wohnt, dürfen und sollten wir immer wieder unseren himmlischen Vater um den Beistand des Heiligen Geistes, um Weisheit und Licht im Verständnis der Heiligen Schrift bitten, daß der Geist Gottes uns daraus lehren und offenbaren möge, was uns not tut. Das gilt gerade auch für die immer tiefere und vollständigere Erkenntnis Gottes, des Vaters, und Seines Sohnes Jesus Christus.

Der Geist Gottes wird uns schon im Alten Testament als der Geist gezeigt, der Furcht des HERRN bewirkt (vgl. Jes 11,2). Er möchte das auch bei uns Gläubigen der neutestamentlichen Gemeinde tun und diese Gottesfurcht zusammen mit unserer Gotteserkenntnis immer weiter vertiefen.

Gott offenbart sich uns durch Seinen Sohn

Im Neuen Testament hat sich der heilige Gott der Bibel vor allem durch Seinen Sohn, den Herrn Jesus Christus, geoffenbart. Der Sohn Gottes hat uns den Vater offenbar gemacht, wie der Apostel Johannes schreibt: *»Niemand hat Gott je gesehen; der eingeborene Sohn, der im Schoß des Vaters ist, der hat Aufschluß [über ihn] gegeben«* (Joh 1,18).

Der Sohn konnte bezeugen: *»Wer mich gesehen hat, der hat den Vater gesehen«* (Joh 14,9). Und der Geist Gottes bezeugt von Ihm im Kolosserbrief: ***»Dieser ist das Ebenbild des unsichtbaren Gottes, der Erstgeborene, der über aller Schöpfung ist«*** (Kol 1,15).

Nachdem Gott in vergangenen Zeiten vielfältig und auf vielerlei Weise zu den Vätern geredet hat durch die Propheten, hat er in diesen letzten Tagen zu uns geredet durch den Sohn. Ihn hat er eingesetzt zum Erben von allem, durch ihn hat er auch die Welten geschaffen; ***dieser ist die Ausstrahlung seiner Herrlichkeit und der Ausdruck seines Wesens*** *und trägt alle Dinge durch das Wort* *seiner Kraft; er hat sich, nachdem er die Reinigung von unseren Sünden durch sich selbst vollbracht hat, zur Rechten der Majestät in der Höhe gesetzt. (Hebr 1,1-3)*

Manche modernen Christen meinen, in Jesus Christus habe sich der heilige Gott nicht mehr ehrfurchtgebietend geoffenbart, und wir müßten als Christusgläubige Gott nicht mehr fürchten. Doch das ist eine falsche Lehre, ein gefährlicher Betrug. Das Neue Testament bezeugt uns in mehrfacher Hinsicht das Gegenteil.

Wohl brauchen wir als Erlöste und Versöhnte keine *Angst* mehr vor dem zürnenden Gott zu haben; denn der Herr Jesus hat für alle die Seinen den Zorn Gottes ein für allemal getragen. Aber *Ehrfurcht* vor der Heiligkeit und Allmacht und Herrlichkeit Gottes ist dennoch die einzig angemessene Grundhaltung der Kinder Gottes.

Diese Ehrfurcht gilt dem Sohn genauso wie dem Vater. Der Sohn Gottes strahlte in Seinen Tagen als Mensch das ehrfurchtgebietende Wesen Gottes aus, sodaß die Menschen immer wieder aufgrund der Worte und Taten, die sie erlebten, in Furcht gerieten.

Die Jünger waren voller Furcht, als sie den Herrn auf dem Berg der Verklärung in Seiner Herrlichkeit sahen (Mk 9,6), aber dasselbe geschah auch bei der Stillung des Sturmes: »*Und sie gerieten in große Furcht und sprachen zueinander: Wer ist denn dieser, daß auch der Wind und der See ihm gehorsam sind?*« (Mk 4,41).

Auch die ungläubigen Juden wurden von Ehrfurcht ergriffen: »*Da gerieten alle außer sich vor Staunen, und sie priesen Gott und wurden voll Furcht und sprachen: Wir haben heute Unglaubliches gesehen!*« (Lk 5,26).

Auf der anderen Seite wird von dem Messias als Mensch und Knecht des HERRN schon prophetisch im Alten Testament bezeugt, daß Er den HERRN fürchtete:

Und auf ihm wird ruhen der Geist des HERRN, der Geist der Weisheit und des Verstandes, der Geist des Rats und der Kraft, der Geist der Erkenntnis und der Furcht des HERRN. Und er wird sein Wohlgefallen haben an der Furcht des HERRN. (Jes 11,2-3)

Im Neuen Testament wird dasselbe von Ihm bezeugt; in Seiner Gottesfurcht ist Er auch ein vollkommenes Vorbild für uns, das wir nachahmen sollten:

Dieser hat in den Tagen seines Fleisches sowohl Bitten als auch Flehen mit lautem Rufen und Tränen dem dargebracht, der ihn aus dem Tod erretten konnte, und ist auch erhört worden um seiner Gottesfurcht willen. (Hebr 5,7)

Nach Seiner Auferstehung und Verherrlichung ist der Sohn Gottes ebenso der Gegenstand unserer Gottesfurcht wie auch der Vater. Seine ehrfurchtgebietende göttliche Herrlichkeit bezeugt uns der Apostel Johannes am Anfang des Buches der Offenbarung:

Ich war im Geist am Tag des Herrn, und ich hörte hinter mir eine gewaltige Stimme, wie von einer Posaune, die sprach: Ich bin das A und das O, der Erste und der Letzte! (…) Und ich wandte mich um und wollte nach der Stimme sehen, die mit mir redete; und als ich mich umwandte, da sah ich sieben goldene Leuchter, und mitten unter den sieben Leuchtern Einen, der einem Sohn des Menschen glich, bekleidet mit einem Gewand, das bis zu den Füßen reichte, und um die Brust gegürtet mit einem goldenen Gürtel.

Sein Haupt aber und seine Haare waren weiß, wie weiße Wolle, wie Schnee; und seine Augen waren wie eine Feuerflamme, und seine Füße wie schimmerndes Erz, als glühten sie im Ofen, und seine Stimme wie das Rauschen vieler Wasser. Und er hatte in seiner rechten Hand sieben Sterne, und aus seinem Mund ging ein scharfes, zweischneidiges Schwert hervor; und sein Angesicht leuchtete wie die Sonne in ihrer Kraft. Und als ich ihn sah, fiel ich zu seinen Füßen nieder wie tot. Und er legte seine rechte Hand auf mich und sprach zu mir: Fürchte dich nicht! Ich bin der Erste und der Letzte und der Lebende; und ich war tot, und siehe, ich lebe von Ewigkeit zu Ewigkeit, Amen! Und ich habe die Schlüssel des Totenreiches und des Todes. (Offb 1,10-18)

Der Apostel Paulus bezeugt uns:

> ***In dem Bewußtsein, daß der Herr zu fürchten ist,*** *suchen wir daher die Menschen zu überzeugen, Gott aber sind wir offenbar; ich hoffe aber auch in eurem Gewissen offenbar zu sein. (2Kor 5,11)*

So ist der Herr Jesus in Seinem Wandel als vollkommener Mensch auf Erden für uns ein Vorbild der Gottesfurcht, wie Er Seinen Gott und Vater ehrfürchtig verherrlichte. Das zeigt uns auch, daß die vollkommene Liebe und Einheit zwischen Vater und Sohn eine solche ehrfürchtige Haltung nicht ausschließt, sondern geradezu voraussetzt. Zugleich ist Er als wahrer Gott selbst Gegenstand gottesfürchtiger Verehrung.

Wenn wir den Sohn ehren wollen, gleichwie wir den Vater ehren, dann setzt das eine Herzenshaltung der Ehrfurcht Ihm gegenüber voraus. Deshalb sind auch die ganzen modernen Verführungsströmungen wie die Charismatik so gefährlich, in denen vielfach dem Herrn Jesus die Ehre geraubt wird, und wo Er allzuoft zu einem »Kumpel« und locker-humorvollen »besten Freund« herabgewürdigt wird.

Ein Symptom dafür ist, daß sehr viele Christen heute nur noch von »Jesus« reden und Ihn Seiner Hoheitstitel berauben. Dagegen sprechen die Apostel seit der Verherrlichung des Herrn von Ihm zumeist in Ehrfurcht als von dem ***Herrn Jesus Christus*** – Er ist der *Kyrios*, der allmächtige Herr und Herrscher über alles, und Er ist der *Christos*, der gesalbte König und Retter, der Gottes Ratschluß hinausführt. Und deshalb ist Er unserer Ehrfurcht wie auch unserer Hingabe und Anbetung würdig.

Diese ehrfürchtige Unterwerfung unter ihren Herrn kommt bei den Aposteln auch dadurch zum Ausdruck, daß sie sich als »Sklaven«, d. h. leibeigene Knechte, Jesu Christi bezeichnen.

Wenn wir Ihn im Gebet ansprechen oder über Ihn reden, dann sollten wir Ihn nicht allein mit dem Namen »Jesus« nennen, der zwar kostbar und herrlich ist, bedeutet er doch »Der HERR ist Rettung«, der aber für sich genommen der Name ist, mit dem Er in den Tagen Seiner freiwilligen Selbsterniedrigung als der Knecht des HERRN genannt wurde. Wir sollten Ihn als den auferstandenen und verherrlichten Sohn Gottes mit Seinem Herrlichkeitsnamen »Herr Jesus« bzw. »Herr Jesus Christus« ansprechen und Ihn auch vor den Menschen als den Herrn Jesus Christus bekennen.

2. Was uns die Bibel über die ehrfurchtgebietenden Eigenschaften Gottes sagt

Unsere Gottesfurcht wird gefördert und vertieft, wenn wir betend über die vielen Worte Gottes nachsinnen, die uns die heiligen, herrlichen, ehrfurchtgebietenden Wesenseigenschaften Gottes bezeugen.

Es ist gut, sich einmal Zeit für ein Bibelstudium zu nehmen, in dem wir über eine Konkordanz (oder ein Bibelprogramm) die Aussagen der Bibel zur Größe, Majestät, Allmacht, Herrlichkeit, zur Weisheit und Allgegenwart, zur Heiligkeit und gerechten Richtermacht unseres Gottes heraussuchen und nacheinander betrachten. Einige Ausschnitte aus dem gewaltigen Porträt der Bibel von den Wesenseigenschaften Gottes wollen wir hier erwähnen.

Gott ist ehrfurchtgebietend, weil Er der Allmächtige, die höchste Majestät ist

Sehr viele Aussagen der Bibel zeigen uns, daß wir Gott fürchten sollen, weil Er der allmächtige Herrscher, der Allerhöchste ist, der über den ganzen Kosmos thront und regiert. Als der Schöpfer aller Dinge ist Er zugleich auch der Herrscher über alles. Er erhält alle Dinge in Seiner Macht und bewahrt uns; Er kann Seine Geschöpfe aber auch vertilgen, wenn sie gegen Ihn sündigen.

Er kann Naturgegebenheiten nach Seinem Belieben verändern, kann Berge ins Meer stürzen, die Sterne vom Himmel fallen und Steine hageln lassen; Er kann aber auch Seinem Volk auf übernatürliche Weise Schutz und Hilfe geben, so wie Er Israel einst einen Weg mitten durch die Wassermassen des Roten Meeres bahnte:

Jauchzt Gott, alle Welt! Besingt die Herrlichkeit seines Namens, macht herrlich sein Lob! Sprecht zu Gott: Wie furchtgebietend sind deine Werke! Wegen der Größe deiner Macht schmeicheln dir deine Feinde. Alle Welt wird dich anbeten und dir lobsingen, sie wird deinem Namen lobsingen! (Sela.) ***Kommt her und schaut die Großtaten Gottes, dessen Tun an den Menschenkindern so furchtgebietend ist!*** *Er verwandelte das Meer in trockenes Land, durch den Strom gingen sie zu Fuß; dort freuten wir uns in ihm. Er herrscht ewiglich in seiner Macht; seine Augen haben acht auf die Heiden. Die Widerspenstigen sollen sich ja nicht [gegen ihn] erheben! (Sela.) (Ps 66,1-7)*

Denn wer in den Wolken ist dem HERRN zu vergleichen, wer ist dem HERRN ähnlich unter den Göttersöhnen? ***Gott ist sehr gefürchtet im Kreis der Heiligen und furchtgebietend über alle um ihn her.*** *(Ps 89,7-8)*

Groß ist der HERR und hoch zu loben, ja, seine Größe ist unerforschlich. Ein Geschlecht rühme dem andern deine Werke und verkündige deine mächtigen Taten! Von dem herrlichen Glanz deiner Majestät will ich sprechen und von deinen Wundertaten. ***Von der Macht deines furchterregenden Waltens soll man reden, und deine Größe will ich verkünden.*** *(Ps 145,3-6)*

Ich habe erkannt, daß alles, was Gott tut, für ewig ist; man kann nichts hinzufügen und nichts davon wegnehmen; und Gott hat es so gemacht, damit man ihn fürchte. (Pred 3,14)

Wenn der ganze Kosmos diesem großen Gott zur Verfügung steht und Er nach Belieben mit allen Dingen, den großen wie den kleinen, verfahren kann, dann haben wir geringen Menschengeschöpfe allen Grund, Gott zu fürchten. Wenn wir Gott mißachten und böse Wege gehen, dann hat Gott die Möglichkeit, alle Lebensumstände zu verändern, um uns den Weg zu versperren oder unser Leben zum Absturz zu bringen.

Reichtum kann innerhalb von Stunden zunichte sein; plötzlich kann der Mensch seine gute Stelle verlieren, sein Lebensglück kann sich schnell ins Gegenteil verkehren; seine geheimen Sünden können plötzlich offenbar werden und ihn ins Elend stürzen; ein Erdbeben, ein Sturmwind, ein Blitzschlag können schlagartig seine Lebensgrundlage vernichten.

Wir nichtigen Menschlein haben unser Leben gar nicht in der eigenen Hand; alles Gute kommt von Gott, und Er kann es auch wieder wegnehmen, wenn wir es mißbrauchen. Wenn Er dem Sünder entgegentritt, dann ist der mächtigste, gefürchtetste Politiker innerhalb von Stunden gestürzt und tot; der einflußreichste Milliardär sitzt plötzlich im Gefängnis und hat alles verloren.

Und auch die Kinder Gottes können manchmal die züchtigende Hand Gottes schmerzlich erleben, wenn sie gegen Gott gesündigt haben oder wenn Gottes Erziehungsabsichten das erfordern; ein beeindruckendes Beispiel dafür haben wir im Buch Hiob. Gott ist der Allerhöchste; Er tut, was immer Ihm wohlgefällt. Wer könnte Ihm widerstehen oder Ihn zur Rechenschaft ziehen?

> *Ja, o Mensch, wer bist denn du, daß du mit Gott rechten willst? Spricht auch das Gebilde zu dem, der es geformt hat: Warum hast du mich so gemacht? (Röm 9,20)*

Gott ist ehrfurchtgebietend, weil Er heilig und gerecht ist

Einen wichtigen Grund, Gott zu fürchten, finden wir in Seinem heiligen Wesen, das die Sünde und das Böse verabscheut und nicht dulden kann, sowie in der Tatsache, daß Gott der gerechte Richter über alle Seine Geschöpfe ist, überaus mächtig und fest entschlossen, alles Böse zu bestrafen.

Als fehlbare, von Sünde befleckte Geschöpfe haben wir deshalb allen Grund, Gott zu fürchten und Ihn um Gnade und Erbarmen anzurufen. »*Wer sollte dich nicht fürchten, o Herr, und deinen Namen nicht preisen? Denn du allein bist heilig. Ja, alle Völker werden kommen und vor dir anbeten, denn deine gerechten Taten sind offenbar geworden!*« (Offb 15,4).

Wer erkennt aber die Stärke deines Zorns, deinen Grimm, so wie es der Furcht vor dir entspricht? *(Ps 90,11)*

Von deinem Schelten, o Gott Jakobs, sinken Roß und Reiter in tiefen Schlaf! ***Du bist zu fürchten, und wer kann vor deinem Angesicht bestehen, wenn dein Zorn entbrennt?*** *(…) Legt Gelübde ab und erfüllt sie dem HERRN, eurem Gott; von allen Seiten soll man Geschenke bringen dem Furchtgebietenden! (Ps 76,7-8.12)*

Furchtgebietend erweist du dich, o Gott, von deinem Heiligtum aus! *(Ps 68,36)*

Der HERR ist groß in Zion und hoch erhaben über alle Völker. ***Loben sollen sie deinen Namen, den großen und furchtgebietenden – heilig ist er!*** *(Ps 99,2-3)*

Er hat seinem Volk Erlösung gesandt, auf ewig verordnet seinen Bund; ***heilig und furchtgebietend ist sein Name.*** *(Ps 111,9)*

Unser Herr Jesus Christus ist weit davon entfernt, die Ehrfurcht vor dem heiligen Gott zu schmälern oder für überholt zu erklären. Stattdessen lehrt Er uns eindringlich:

Ich will euch aber zeigen, wen ihr fürchten sollt: ***Fürchtet den, welcher, nachdem er getötet hat, auch Macht besitzt, in die Hölle zu werfen! Ja, ich sage euch, den fürchtet!*** *(Lk 12,5)*

Der Hebräerbrief ermahnt uns ebenso zur Gottesfurcht, weil Gottes heiliges Wesen ein *verzehrendes Feuer* ist:

Habt acht, daß ihr den nicht abweist, der redet! *Denn wenn jene nicht entflohen sind, die den abgewiesen haben, der auf der Erde göttliche Weisungen verkündete,* ***wieviel weniger wir, wenn wir uns von dem abwenden, der es vom Himmel herab tut!*** *Seine Stimme erschütterte damals die Erde; jetzt aber hat er eine Verheißung gegeben, indem er spricht: »Noch* *einmal erschüttere ich nicht allein die Erde, sondern auch den Himmel!«*

Dieses »Noch einmal« deutet aber hin auf die Beseitigung der Dinge, die erschüttert werden, als solche, die erschaffen worden sind, damit die Dinge bleiben, die nicht erschüttert werden können. Darum, weil wir ein unerschütterliches Reich empfangen, ***laßt uns die Gnade festhalten, durch die wir Gott auf wohlgefällige Weise dienen können mit Scheu und Ehrfurcht! Denn unser Gott ist ein verzehrendes Feuer.*** *(Hebr 12,25-29)*

Der heilige Gott haßt und verabscheut die Sünde mit Seinem ganzen Wesen. Niemals wird Er eine Sünde billigen oder gutheißen; niemals kann Er eine Sünde tolerieren oder übersehen. Jede einzelne Sünde, die ein Mensch begangen hat, wird ein gerechtes und unerbittliches Gericht empfangen, wenn sie nicht vergeben wurde, weil der Sünder sich zu dem Herrn Jesus Christus bekehrt hat.

Jede einzelne Sünde reicht aus, um ein abtrünniges Menschengeschöpf in die Hölle zu bringen. Wenn Gott schon die Sünden der Menschen gerecht richtet, die mit schlechtem Gewissen sündigen, wieviel mehr entbrennt Sein Zorn gegen die, welche frech und rebellisch sündigen und dabei Gott mißachten und womöglich noch herausfordern!

Es gibt nur einen Weg, dem heiligen, verzehrenden, unerbittlichen Gericht Gottes zu entkommen: das ist der Weg der Herzensumkehr und des Glaubens an Jesus Christus, den himmlischen Erretter, der als Sohn Gottes Mensch wurde und sich alle unsere Sünden als unser Stellvertreter aufgeladen hat, um sie mit Seinem Opfertod, mit Seinem Blut zu sühnen und zu tilgen.

Wer dem Sohn Gottes sein Leben ganz ausgeliefert hat, Ihn als Herrn seines Lebens angenommen hat und an Ihn glaubt, wer Sein vollkommenes Sühnopfer am Kreuz im Glauben für sich angenommen hat, der hat Errettung und Vergebung seiner Schuld gefunden, der kommt nicht in das verzehrende Zorngericht, sondern er ist zu einem begnadigten, gerecht gemachten, geheiligten Kind Gottes geworden.

Aber wie ernst ist die Lage der vielen Scheinchristen, die wohl aus der Bibel über den heiligen Gott, die Sünde und das Gericht, über Jesus Christus als Erretter gehört haben, die aber niemals eine echte Umkehr zu Gott und eine klare Lebensübergabe an Jesus Christus vollzogen haben!

Wieviele gehören nur dem Namen nach zu Christus, leben aber ein eigenwilliges, weltverliebtes Sündenleben – immer hin- und herschwankend zwischen Christus und der Welt, zwischen Gehorsam und Übertretung, zwischen Licht und Finsternis!

Wenn solche halbe Christen nicht einmal entschlossen ernst machen mit Bekehrung und Glauben, dann werden sie eines Tages mit Schrecken erfahren, daß sie draußen sind, daß der Herr zu ihnen sagen muß: »Ich habe dich niemals gekannt! Weiche von mir, du Gesetzloser!« (vgl. Mt 7,21-23).

Wie ernst ist auch die Lage der vielen stummen Mitläufer, die als Jugendliche oder Erwachsene, als Kinder gläubiger Eltern oder Ehepartner von Gläubigen mit dem rettenden Licht des Evangeliums in Berührung kamen, ohne es im Glauben aufgenommen zu haben.

Wie ernst ist es, im Wissen um den Weg des Heils zu sündigen und weiterhin ein verstocktes Leben ohne Jesus Christus zu führen! Gott ist zwar sehr langmütig und will nicht, daß der Mensch verlorengeht, sondern daß er Raum zur Buße hat (2Pt 3,9) – aber wenn jemand mit Gottes Langmut Schindluder treibt, dann kann Gott auch ganz schnell das Leben wegnehmen, das Er zuvor gab.

Einige Jugendliche aus dem Umfeld einer christlichen Gemeinde, die alles über die rettende Gnade Gottes wußten und sich dennoch für ein Leben in Sünde und Ausschweifung entschieden hatten, wurden einmal von einem Kind Gottes gewarnt, das sie fragte, ob sie denn den Herrn Jesus mitnehmen könnten zu ihrem geplanten Ausflug in eine Discothek. Ganz dreist antwortete einer der jungen Leute: »Klar, den nehmen wir im Kofferraum mit!«.

In derselben Nacht kamen diese jungen Leute auf dem Rückweg von der Disco mit ihrem Auto betrunken mit überhöhter

Geschwindigkeit von der Straße ab. Sämtliche Insassen waren tot; das Auto war völlig zerstört – nur der Kofferraum war völlig intakt geblieben! Dieser Vorfall war der Anlaß, daß einige ähnlich gesinnte Jugendliche aus dem Bekanntenkreis der drei Toten sich bekehrten. »*Irrt euch nicht, Gott läßt sich nicht spotten!*« (Gal 6,7).

Ja, Gottesfurcht bedeutet eben auch, daß ich mir im Klaren darüber bin, daß der allmächtige Gott, der mir den Lebensodem und alle »meine« Gaben und Fähigkeiten gegeben hat, auch in der Lage ist, mir alles das in einem Augenblick wieder zu nehmen, wenn ich es zu einem eigensüchtigen Sündenleben mißbrauche.

Wenn der Mensch dann plötzlich nicht mehr gehen oder nicht mehr sprechen oder sehen kann, wenn er schmerzgekrümmt auf dem Krankenbett liegt, dann sieht die Welt, mit der man zuvor vielleicht leichtsinnig geflirtet hatte, plötzlich ganz anders aus.

Wohl uns, wenn wir dann ins Nachdenken kommen über unsere Haltung zu dem gütigen Gott, dem wir alles, wirklich alles verdanken! Jeder Atemzug, jeder Blick, jeder Schritt ist eigentlich ein Gnadengeschenk Gottes! Was mache ich damit? Nutze ich all das, um für Gott zu leben und Ihn zu verherrlichen, oder mißbrauche ich es, um eigenwillig für meine Lüste zu leben?

Gott ist ehrfurchtgebietend, weil Er allgegenwärtig und allwissend ist

Der heilige Gott ist zugleich der Allwissende. Der törichte, sündige Menschenwurm meint, er könne sündigen, und Gott sehe es nicht. Dabei sehen die durchdringenden Augen Gottes alles, was in Seiner Schöpfung vor sich geht, das Größte wie das Kleinste; nichts entgeht Seiner allumfassenden Erkenntnis, weder die verborgenen Herzensgedanken noch die ins Ohr geflüsterten Worte, noch die Taten, die heimlich im Dunkel der Nacht geschehen.

Die Allgegenwart und Allwissenheit des heiligen Gottes muß die Sünder in Angst und Schrecken versetzen, wenn sie es einmal begriffen haben, mit wem sie es zu tun haben.

Denn meine Augen sind auf alle ihre Wege gerichtet; sie sind nicht verborgen vor meinem Angesicht, und ihre Schuld ist nicht verhüllt vor meinen Augen. *(Jer 16,17)*

Überaus trügerisch ist das Herz und bösartig; wer kann es ergründen? ***Ich, der HERR, erforsche das Herz und prüfe die Nieren, um jedem einzelnen zu vergelten entsprechend seinen Wegen, entsprechend der Frucht seiner Taten.*** *(Jer 17,9-10)*

Bin ich denn nur Gott in der Nähe, spricht der HERR, und nicht auch Gott in der Ferne? ***Oder kann sich jemand so heimlich verbergen, daß ich ihn nicht sehe? spricht der HERR. Erfülle ich nicht den Himmel und die Erde? spricht der HERR.*** *(Jer 23,23-24)*

Und du, mein Sohn Salomo, erkenne den Gott deines Vaters und diene ihm von ganzem Herzen und mit williger Seele! ***Denn der HERR erforscht alle Herzen und erkennt alles Trachten der Gedanken.*** *Wenn du ihn suchst, so wird er sich von dir finden lassen; wenn du ihn aber verläßt, so wird er dich verwerfen auf ewig! (1Chr 28,9)*

Wie lange sollen die Gottlosen, o HERR, wie lange sollen die Gottlosen frohlocken? Sie halten viele und freche Reden; stolz überheben sich alle Übeltäter. Dein Volk, o HERR, zertreten sie und unterdrücken dein Erbteil. Witwen und Fremdlinge erwürgen sie und ermorden Waisen; und dann sagen sie: »Der HERR sieht es nicht, und der Gott Jakobs achtet nicht darauf!«

Nehmt doch Verstand an, ihr Unvernünftigen unter dem Volk! Ihr Toren, wann wollt ihr einsichtig werden? ***Der das Ohr gepflanzt hat, sollte der nicht hören? Der das Auge gebildet hat, sollte der nicht sehen? Der die Völker züchtigt, sollte der nicht strafen, er, der die Menschen Erkenntnis lehrt? Der HERR erkennt die Gedanken der Menschen, daß sie nichtig sind.*** *(Ps 94,3-11)*

Die Allwissenheit und Allgegenwart Gottes versetzt auch die Gläubigen in staunende Ehrfurcht; davon gibt besonders der Psalm 139 wunderbares Zeugnis:

> ***Herr, du erforschst mich und kennst mich! Ich sitze oder stehe auf, so weißt du es; du verstehst meine Gedanken von ferne. Du beobachtest mich, ob ich gehe oder liege, und bist vertraut mit allen meinen Wegen; ja, es ist kein Wort auf meiner Zunge, das du, Herr, nicht völlig wüßtest. Von allen Seiten umgibst du mich und hältst deine Hand über mir. Diese Erkenntnis ist mir zu wunderbar, zu hoch, als daß ich sie fassen könnte!***
>
> *Wo sollte ich hingehen vor deinem Geist, und wo sollte ich hinfliehen vor deinem Angesicht? Stiege ich hinauf zum Himmel, so bist du da; machte ich das Totenreich zu meinem Lager, siehe, so bist du auch da! Nähme ich Flügel der Morgenröte und ließe mich nieder am äußersten Ende des Meeres, so würde auch dort deine Hand mich führen und deine Rechte mich halten!* ***Spräche ich: »Finsternis soll mich bedecken und das Licht zur Nacht werden um mich her!«, so wäre auch die Finsternis nicht finster für dich, und die Nacht leuchtete wie der Tag, die Finsternis [wäre für dich] wie das Licht.***
>
> *Denn du hast meine Nieren gebildet; du hast mich gewoben im Schoß meiner Mutter. Ich danke dir dafür, daß ich erstaunlich und wunderbar gemacht bin; wunderbar sind deine Werke, und meine Seele erkennt das wohl!* ***Mein Gebein war nicht verhüllt vor dir, als ich im Verborgenen gemacht wurde, kunstvoll gewirkt tief unten auf Erden. Deine Augen sahen mich schon als ungeformten Keim, und in dein Buch waren geschrieben alle Tage, die noch werden sollten, als noch keiner von ihnen war.*** *(Ps 139,1-16)*

Es ist ehrfurchterregend, wenn wir bedenken, daß der heilige Gott, unser himmlischer Vater, uns allezeit umgibt und alles sieht, was wir denken, reden und tun. Es weckt unsere Ehrfurcht, daß selbst die Haare auf unserem Haupt alle gezählt sind, daß Gott im voraus schon die Worte erkennt, die wir reden werden, daß wir allezeit in Seiner heiligen Gegenwart wandeln, unter Seinen alles durchdringenden Augen.

Und kein Geschöpf ist vor ihm verborgen, sondern alles ist enthüllt und aufgedeckt vor den Augen dessen, dem wir Rechenschaft zu geben haben. (Hebr 4,13)

Wir wollen vor unserem Gott stille werden und Ihm bekennen, daß wir Ihm noch lange nicht mit der Ehrfurcht begegnen, die Ihm gebührt. Wir wollen Ihn bitten, daß Er uns immer mehr schenkt, Ihn wahrhaft zu erkennen, daß Er uns von unserer Fleischlichkeit und Oberflächlichkeit immer mehr freimacht und uns die offenbarende Wirkung Seines Geistes schenkt, damit wir zu immer tieferer Ehrfurcht und Liebe Ihm gegenüber finden.

Wir sind darin ganz auf Seine große Gnade und Barmherzigkeit angewiesen. Er will uns gerne das schenken, was uns fehlt; Er selbst wird die Gottesfurcht und heilige Entschlossenheit in uns wirken, die vor Ihm wohlgefällig ist:

*Der Gott des Friedens aber, der unseren Herrn Jesus aus den Toten heraufgeführt hat, den großen Hirten der Schafe durch das Blut eines ewigen Bundes, er rüste euch völlig aus zu jedem guten Werk, damit ihr seinen Willen tut, **indem er in euch das wirkt, was vor ihm wohlgefällig ist, durch Jesus Christus.** Ihm sei die Ehre von Ewigkeit zu Ewigkeit! Amen. (Hebr 13,20-21)*

II. Das ehrfurchtgebietende Rettungshandeln Gottes

Wer ist dir gleich unter den Göttern, o HERR?
Wer ist dir gleich, herrlich in Heiligkeit,
furchtgebietend in Ruhmestaten,
Wunder vollbringend?
(2Mo 15,11)

Aber dem HERRN gefiel es, ihn zu zerschlagen;
er ließ ihn leiden.
Wenn er sein Leben zum Schuldopfer gegeben hat,
so wird er Nachkommen sehen
und seine Tage verlängern;
und das Vorhaben des HERRN
wird in seiner Hand gelingen.
(Jes 53,10)

Viele endzeitliche Christen scheinen es wie selbstverständlich zu nehmen, daß Gott für sie Seinen Sohn opferte. Sie halten oftmals ihre Sünden ohnehin für eher harmlos und denken, sie seien nicht so schlimm. Sie kümmern sich nicht um die Heiligkeit und Gerechtigkeit Gottes und denken nicht an die schreckliche Verderbnis ihrer Sündennatur und die erdrückende Last ihrer Sünden, die sie unweigerlich in das Feuer der Hölle gebracht hätte. Sie denken über diese ganzen Angelegenheiten menschlich und nicht göttlich (vgl. Mt 16,23).

Deshalb meinen viele Christen auch, Gott sei ja geradezu verpflichtet gewesen, etwas zu ihrer Rettung zu tun. Sie erkennen nicht, wie groß eigentlich die Liebe und das Erbarmen Gottes war, das sich darin zeigte, daß Gott Seinen Sohn als Retter für uns sandte, die wir nichtige, undankbare, aufrührerische, völlig verdorbene

Wißt ihr denn nicht, daß Ungerechte das Reich Gottes nicht erben werden? Irrt euch nicht: Weder Unzüchtige noch Götzendiener, weder Ehebrecher noch Weichlinge, noch Knabenschänder, weder Diebe noch Habsüchtige, noch Trunkenbolde, noch Lästerer, noch Räuber werden das Reich Gottes erben. ***Und solche sind etliche von euch gewesen; aber ihr seid abgewaschen, ihr seid geheiligt, ihr seid gerechtfertigt worden in dem Namen des Herrn Jesus und in dem Geist unseres Gottes!*** *(…)*

Wer aber dem Herrn anhängt, ist ein *Geist mit ihm. Flieht die Unzucht! Jede Sünde, die ein Mensch [sonst] begeht, ist außerhalb des Leibes; wer aber Unzucht verübt, sündigt an seinem eigenen Leib.* ***Oder wißt ihr nicht, daß euer Leib ein Tempel des in euch wohnenden Heiligen Geistes ist, den ihr von Gott empfangen habt, und daß ihr nicht euch selbst gehört? Denn ihr seid teuer erkauft; darum verherrlicht Gott in eurem Leib und in eurem Geist, die Gott gehören!*** *(1Kor 6,9-11.17-20)*

Der Apostel Paulus selbst sah das Erlösungshandeln Gottes in Christus mit hoher Ehrfurcht und verkündige es auch dementsprechend:

In dem Bewußtsein, daß der Herr zu fürchten ist, suchen wir daher die Menschen zu überzeugen, *Gott aber sind wir offenbar; ich hoffe aber auch in eurem Gewissen offenbar zu sein. (…) Das alles aber [kommt] von Gott, der uns mit sich selbst versöhnt hat durch Jesus Christus und uns den Dienst der Versöhnung gegeben hat; weil nämlich Gott in Christus war und die Welt mit sich selbst versöhnte, indem er ihnen ihre Sünden nicht anrechnete und das Wort der Versöhnung in uns legte. So sind wir nun Botschafter für Christus, und zwar so, daß Gott selbst durch uns ermahnt; so bitten wir nun stellvertretend für Christus:* ***Laßt euch versöhnen mit Gott! Denn er hat den, der von keiner Sünde wußte, für uns zur Sünde gemacht, damit wir in ihm [zur] Gerechtigkeit Gottes würden.*** *(2Kor 5,11-21)*

Der Apostel Paulus predigte die rettende Gnade Gottes in dem tiefen Bewußtsein, daß der Herr zu fürchten ist. Er kannte den »Schrecken des Herrn«, wie 2Kor 5,11 auch übersetzt werden kann. Für ihn war die Tatsache, daß Gott uns durch das blutige Opfer Seines Sohnes mit sich selbst versöhnt hat, ein Grund zu großer Freude und Glaubenszuversicht, doch diese war gepaart mit tiefer Ehrfurcht vor dem gewaltigen Gnadenhandeln Gottes. Wie steht es da mit uns?

Was der heilige Gott mit Seinem Sohn tat

Wenn wir über diesen letzten Vers nachdenken, dann muß uns eigentlich Ehrfurcht ergreifen. Was war alles nötig, damit wir elenden Sünder von Gott als geliebte Kinder angenommen werden konnten!

Gott mußte Seinen herrlichen, heiligen, geliebten Sohn auf die Erde senden und Mensch werden lassen, was ja eine unfaßbare Herablassung und freiwillige Selbsterniedrigung unseres Herrn Jesus Christus bedeutete (vgl. Phil 2,5-11).

Der Herr aller Herren und Erbe aller Dinge wurde zum Knecht und begab sich freiwillig unter die sündigen Menschen, um ihnen zu dienen! Geduldig ertrug Er alle Bosheiten der Menschen, den »*Widerspruch von den Sündern*« (Hebr 12,3); Er tat ihnen Gutes, während sie Ihn verkannten, verachteten und ablehnten.

Doch damit nicht genug. Damit wir Vergebung unserer vielen Sünden vor Gott empfangen konnten, mußte der heilige Gott alle unsere Sünden auf Seinen gerechten, unschuldigen Sohn legen! Er rechnete Ihm, der doch keine Sünde kannte, alle unsere Sünden, alle deine und meine Übertretungen zu und behandelte dort am Kreuz Seinen eigenen Sohn, als ob Er alle diese unzähligen, schlimmen Sünden selbst begangen hätte!

> *Doch er wurde um unserer Übertretungen willen durchbohrt, wegen unserer Missetaten zerschlagen; die Strafe lag auf ihm, damit wir Frieden hätten, und durch seine Wunden sind wir geheilt worden. (Jes 53,5)*

Ja, der reine Sohn Gottes wurde am Kreuz gewissermaßen zum Inbegriff der Sünde gemacht; die ganze Übertretung dieser Welt wurde auf Ihn gelegt, und Er mußte dafür einstehen.

Am folgenden Tag sieht Johannes Jesus auf sich zukommen und spricht: Siehe, das Lamm Gottes, das die Sünde der Welt hinwegnimmt! (Joh 1,29)

Das geballte Zorngericht eines heiligen und gerechten Gottes traf am Kreuz unseren schuldlosen Stellvertreter, damit wir frei ausgehen könnten. Er mußte für alle unsere Bosheit und Sünde mit Seinem teuren Blut, mit Seinem schuldlosen Leben bezahlen, damit unsere Schuld für immer rechtskräftig vor Gott getilgt würde.

Er hat unsere Sünden selbst an seinem Leib getragen auf dem Holz, damit wir, den Sünden gestorben, der Gerechtigkeit leben mögen; durch seine Wunden seid ihr heil geworden. (1Pt 2,24)

Diese Sühnung durch das Blut des Lammes führt nicht dazu, daß nun automatisch jeder errettet würde; sie umfaßt zwar der Möglichkeit nach alle Menschen, so daß keiner von der Bekehrung und dem Glauben ausgeschlossen ist, aber errettet wird nur der, welcher sich aufrichtig zu Jesus Christus bekehrt und Ihn und Sein Sühnopfer für sich annimmt und sich Ihm als Herrn ganz übergibt.

Es sollte uns mit Staunen und Ehrfurcht erfüllen, daß der große Gott uns eine solche wunderbare Begnadigung aus freien Stücken anbietet, ohne daß wir etwas dafür getan hätten oder tun könnten. Gottes Gnade ist ehrfurchtgebietend!

Die Leiden des Gottessohnes um unseretwillen

Dieses gewaltige, ehrfurchterregende Sühnopfer brachte der Sohn Gottes aus lauter Liebe und Erbarmen für dich und mich dar: »... *gleichwie auch Christus uns geliebt und sich selbst für uns gegeben hat als Darbringung und Schlachtopfer, zu einem lieblichen Geruch für Gott«* (Eph 5,2). Als unser Stellvertreter erlitt Er den geballten

Zorn Gottes, den eigentlich wir verdient hätten, und durchlebte furchtbare Qualen, in die uns einige messianische Psalmen ein wenig Einblick geben:

Mein Gott, mein Gott, warum hast du mich verlassen? Warum bleibst du fern von meiner Rettung, von den Worten meiner Klage? Mein Gott, ich rufe bei Tag, und du antwortest nicht, und auch bei Nacht, und ich habe keine Ruhe. Aber du bist heilig, der du wohnst unter den Lobgesängen Israels! Auf dich haben unsere Väter vertraut; sie vertrauten, und du hast sie errettet. Zu dir riefen sie und haben Rettung gefunden; auf dich vertrauten sie und wurden nicht zuschanden. Ich aber bin ein Wurm und kein Mensch, ein Spott der Leute und verachtet vom Volk. Alle, die mich sehen, spotten über mich; sie reißen den Mund auf und schütteln den Kopf: »Er soll doch auf den HERRN vertrauen; der soll ihn befreien; der soll ihn retten, er hat ja Lust an ihm!« (Ps 22,2-9)

Hilf mir, o Gott, denn die Wasser gehen mir bis an die Seele! Ich bin versunken in tiefem Schlamm und habe keinen Stand; ich bin in tiefes Wasser geraten, und die Flut überströmt mich; ich bin müde von meinem Schreien, meine Kehle ist vertrocknet; meine Augen sind verschmachtet im Harren auf meinen Gott. (Ps 69,2-4)

All das nahm der wunderbare Sohn Gottes freiwillig auf sich um unseretwillen. Dabei war die Aussicht darauf, mit unseren Sünden beladen und von dem heiligen Gott deswegen gerichtet zu werden, für Ihn in gewisser Weise unerträglich und verursachte Ihm große Not und Schrecken, wie wir in Gethsemane sehen:

Da kommt Jesus mit ihnen zu einem Grundstück, das Gethsemane genannt wird. Und er spricht zu den Jüngern: Setzt euch hier hin, während ich weggehe und dort bete! Und er nahm Petrus und die zwei Söhne des Zebedäus mit sich; ***und er fing an, betrübt zu werden, und ihm graute sehr****. Da spricht er zu ihnen:* ***Meine***

Seele ist tief betrübt bis zum Tod. *Bleibt hier und wacht mit mir! Und er ging ein wenig weiter, warf sich auf sein Angesicht, betete und sprach:* ***Mein Vater! Ist es möglich, so gehe dieser Kelch an mir vorüber; doch nicht wie ich will, sondern wie du willst!*** *(...) Wiederum ging er zum zweitenmal hin, betete und sprach:* ***Mein Vater, wenn dieser Kelch nicht an mir vorübergehen kann, ohne daß ich ihn trinke, so geschehe dein Wille!*** *(Mt 26,36-42)*

Was unsere Errettung den himmlischen Vater gekostet hat

Wir sollten dieses gewaltige Rettungswerk auch einmal aus der Sicht des liebenden Gottes und Vaters betrachten, der Seinen einzigen, innig geliebten Sohn dahingab um unseretwillen. Was hat Gott da getan! Was mußte Er leiden und auf sich nehmen, um uns zu versöhnen!

Wenn wir uns vorstellen, wir müßten unseren einzigen Sohn in einen Rettungseinsatz schicken, in dem er verurteilte Schwerverbrecher aus einem brennenden Gefängnis retten soll, mit der großen Wahrscheinlichkeit, daß er dabei umkommt – schon so etwas würde uns sehr schwerfallen, wenn wir überhaupt dazu bereit wären. Aber unser großer Gott und himmlischer Vater mußte Seinen Sohn bewußt in die Hände feindseliger Menschengeschöpfe geben, von denen Er wußte, daß sie Ihn hassen und töten würden.

Gott wußte im voraus, daß Sein Sohn durch die Hand gottloser Menschen sterben würde. Er wußte um die Schmähungen und den Spott der Zuschauer am Kreuz. Doch das war nicht das Schlimmste. Gott mußte Seinen ganzen verzehrenden, heiligen Zorn über Seinen geliebten Sohn ausgießen; Er mußte Seinen Sohn mit aller unnachgiebigen Gerechtigkeit richten, als hätte dieser alle Sünden der ganzen Welt begangen.

Was es für den Vater bedeutet hat, Seinen Sohn als unseren Stellvertreter im Zorn richten zu müssen, das können wir nie ganz ermessen, das können wir in diesem Leben nur erahnen; am meisten mag uns dabei helfen, wenn wir 1. Mose 22 betrachten.

Das alles hat Gott für dich und für mich getan. Sollten wir davor nicht ehrfürchtig zurücktreten und Ihn anbeten und ehren? Sollte uns das nicht anspornen, heilig und gottesfürchtig zu leben und diesem Gott unser ganzes Leben zu weihen in Dankbarkeit und ehrfürchtigem Staunen über Seine große Gnade und Barmherzigkeit?

> *Ich ermahne euch nun, ihr Brüder, angesichts der Barmherzigkeit Gottes, daß ihr eure Leiber darbringt als ein lebendiges, heiliges, Gott wohlgefälliges Opfer: das sei euer vernünftiger Gottesdienst! (Röm 12,1)*

Sollte uns die Furcht Gottes nicht anspornen, allezeit die Sünde und die Befleckungen dieser Welt zu meiden und abgesondert für unseren herrlichen Retter-Gott zu leben? Sollten wir nicht alle Leichtfertigkeit und lockere Lebensweise verabscheuen und bestrebt sein, des Gottes würdig zu leben, der uns eine so große Errettung geschenkt und so viel auf sich genommen hat, um uns Gnade zu erweisen? Sollten wir nicht Buße tun über aller Ichbezogenheit, Lässigkeit und Oberflächlichkeit in unserem Glaubensleben? Dazu spornt uns das Wort des Apostels Paulus an:

> *Ihr selbst seid Zeugen, und auch Gott, wie heilig, gerecht und untadelig wir bei euch, den Gläubigen, gewesen sind; ihr wißt ja, wie wir jeden einzelnen von euch ermahnt und ermutigt haben wie ein Vater seine Kinder, und euch ernstlich bezeugt haben, **daß ihr so wandeln sollt, wie es Gottes würdig ist, der euch zu seinem Reich und seiner Herrlichkeit beruft**. (1Thess 2,10-12)*

Unsere Errettung aus Gnade und die Frucht eines gottesfürchtigen Wandels

So zeigt uns die Bibel, daß wir ganz aus Gnade errettet wurden, und daß unser Gott etwas Gewaltiges, Ehrfurchtgebietendes für uns tat, um uns mit sich zu versöhnen. Die Gnade Gottes befreit uns nicht etwa von der Gottesfurcht, sondern sie darf uns Ansporn dazu sein, unseren Herrn zu fürchten.

Dabei wollen wir uns bewußt machen, daß unsere Errettung allein aus Gnade durch das Opfer des Herrn Jesus Christus zustandekam, den wir im Glauben annehmen durften. Unsere Sündenvergebung und unser Heil sind ein Geschenk der Gnade Gottes; wir können sie uns nicht durch Gottesfurcht oder Werke der Heiligung verdienen.

Wir sollen den Herrn nicht fürchten, um durch gottesfürchtigen Wandel errettet zu werden; unsere Errettung geschieht durch Glauben an Christus und Sein vollbrachtes Werk. Aber wenn wir im Glauben recht stehen, wird das Gnadenhandeln Gottes in uns Ehrfurcht hervorrufen, Liebe zu Gott und Hingabe an Ihn.

Unser gottesfürchtiger Wandel und unser Leben in Heiligung für Christus sind also eine *Frucht* der empfangenen Gnade, eine Auswirkung des neuen Lebens, das wir durch den Glauben an Christus empfangen durften. In diesem Buch wird der Akzent sehr stark auf die Gottesfurcht gelegt; deshalb möchte ich das betonen, damit keine Einseitigkeiten oder Mißverständnisse bei meinen Lesern entstehen.

Gerade daß wir durch die freie Liebe Gottes und das Geschenk der Sündenvergebung in Christus errettet wurden, sollte nach meiner Überzeugung bei dem geistlich gesunden Kind Gottes Gottesfurcht und das Verlangen nach einem geheiligten Leben auslösen. Was für ein teures Opfer hat Gott für uns gebracht! Wieviel hat unser Herr Jesus Christus für uns gelitten! Sollten wir nicht in Ehrfurcht vor diesem Erlöser niederfallen und Ihm unser ganzes Leben hingeben angesichts dessen, was Er für uns getan hat?

> *Denn die Liebe des Christus drängt uns, da wir von diesem überzeugt sind: Wenn einer für alle gestorben ist, so sind sie alle gestorben; und er ist deshalb für alle gestorben, damit die, welche leben, nicht mehr für sich selbst leben, sondern für den, der für sie gestorben und auferstanden ist. (2Kor 5,14-15)*

Möge diese gesunde Gottesfurcht uns prägen und unser Leben bestimmen, damit es ein Zeugnis für den ehrfurchtgebietenden Gott sein kann, der uns Gnade erwiesen und uns errettet hat!

III. Gottesfurcht als Grundhaltung der Erlösten

Weise mir, HERR, deinen Weg,
damit ich wandle in deiner Wahrheit;
richte mein Herz auf das Eine,
daß ich deinen Namen fürchte!
(Ps 86,11)

Da nun dies alles aufgelöst wird,
wie sehr solltet ihr euch auszeichnen
durch heiligen Wandel und Gottesfurcht,
indem ihr das Kommen des Tages Gottes erwartet …
(2Pt 3,11-12)

Wir haben gesehen, daß der wahre Gott, der Himmel und Erde geschaffen hat und darüber regiert, der lebendige Gott, der Gott, der sich in der Bibel geoffenbart hat, Seinem ganzen Wesen und Handeln nach *furchtgebietend* ist, daß wir Ihm Ehrfurcht und Verehrung schulden.

Wir haben auch gesehen, daß die gewaltige Errettung, die Er uns aus Gnade geschenkt hat, das große Sühnopfer Seines Sohnes, uns zur Ehrfurcht anspornen sollte. Nun wollen wir uns anhand der Aussagen der Bibel genauer darüber im klaren werden, was der Begriff »Gottesfurcht« alles bedeutet und beinhaltet.

Wir finden die Begriffe »Furcht des HERRN«, »Furcht Gottes« bzw. »Gott / den HERRN fürchten« sehr oft schon im Alten Testament. Das entsprechende Wort *yare* bzw. das Hauptwort *yir'ah* bedeutet »sich fürchten, jemanden fürchten, Angst haben, Gott verehren« bzw. »Furcht, Angst, Schrecken, Ehrfurcht, Gottesfurcht«.

Dem entspricht unmittelbar das neutestamentliche Wort *phobeomai* bzw. *phobos*, das sowohl für die Furcht vor verschiedensten

Dingen als auch speziell für die Furcht Gottes gebraucht wird (vgl. unser Fremdwort »Phobie«).[3]

Darüber hinaus kennt das Neue Testament noch ein anderes griechisches Wort, das ganz ähnlich gebraucht wird: *eu-sebeia*. Es kommt von dem griechischen Tätigkeitswort *sebomai*, das »sich scheuen vor, etwas fürchten, etwas verehren« bedeutet, und meint »rechte Furcht bzw. Verehrung Gottes«.

Dieses Wort wurde in älteren Bibelübersetzungen vielfach mit »Gottseligkeit« übersetzt, einem etwas mißverständlichen Begriff, der die eigentliche Bedeutung »Furcht / scheue Verehrung (Gottes)« nicht erahnen läßt. In der Schlachterbibel 2000 wird es mit »Gottesfurcht« wiedergegeben; andere Übersetzungen verwenden die Begriffe »Frömmigkeit« (Menge-Bibel 1928) oder »rechte Verehrung« (Jantzen-NT 2009).[4]

Was die Bibel uns über Gottesfurcht sagt

»Gott fürchten« meint in vielen Situationen tatsächlich die scheue Furcht des Menschen angesichts der übernatürlichen, himmlischen Heiligkeit und Herrlichkeit des wahren Gottes und angesichts

---

3 Das Verb *phobeomai* kommt in der Bedeutung »(Gott) fürchten« u. a. vor in Mt 10,28; Lk 18,2; 23,40; Apg 10,2.22.35; 13,16.26; Kol 3,22; 1Pt 2,17; Offb 14,7; 15,4; 19,5. *Phobos* kommt in der Bedeutung »Furcht (Gottes)« u. a. vor in: Apg 9,31; Röm 3,18; 2Kor 5,11; 7,1; Eph 5,21; 1Pt 1,17; 3,2.

4 Vgl. auch die Standard-Lexika *Bauer-Aland: Wörterbuch zum NT* und *Menge-Güthling: Langenscheidts Großwörterbuch Altgriechisch-Deutsch*, die beide »Gottesfurcht« neben »Frömmigkeit« als eine grundlegende Bedeutung von *eusebeia* verzeichnen. *Eu-sebeia* (Gottesfurcht) kommt im NT an folgenden Stellen vor: Apg 3,12; 1Tim 2,2; 3,16; 4,7.8; 6,3.5.6.11; 2Tim 3,5; Tit 1,1; 2Pt 1,3.6.7; 3,11. Das Tätigkeitswort *eusebeō* (verehren / gottesfürchtig handeln) findet sich in Apg 17,23 und 1Tim 5,4; das Adjektiv *eusebès* (gottesfürchtig) in Apg 10,2.7; 2Pt 2,9; das Adverb *eusebōs* in 2Tim 3,12; Tit 2,12. Folgende verwandten Wörter kommen ebenfalls im NT vor: *sebazomai* (verehren) in Röm 1,25; *sebasma* (Gegenstand der Verehrung) in Apg 17,23; 2Thess 2,4; *sebō; sebomai* (verehren, anbeten, gottesfürchtig sein) in Mt 15,9; Mk 7,7; Apg 13,43.50; 16,14; 17,4.17; 18,7.13; 19,27.

Seiner furchtgebietenden Taten. Was die gottfernen Ungläubigen betrifft, schwingt dabei ganz klar auch die gewaltige Angst, der blanke Schrecken einer Konfrontation mit der für sie unerträglichen Heiligkeit Gottes mit.

> ***Alle Welt fürchte den HERRN, und vor ihm scheue sich alles, was auf dem Erdboden wohnt!*** *(Ps 33,8)*

> ***Denn der HERR, der Höchste, ist zu fürchten****, ein großer König über die ganze Erde. (Ps 47,3)*

Das wird auch in bezug auf das Volk Israel deutlich, als es die Begegnung mit dem heiligen Gott am Sinai erlebte:

> *Diese Worte redete der HERR zu eurer ganzen Gemeinde auf dem Berg, mitten aus dem Feuer, dem Gewölk und der Dunkelheit, mit gewaltiger Stimme, und er fügte nichts hinzu. Und er schrieb sie auf zwei steinerne Tafeln und gab sie mir. Und es geschah, als ihr die Stimme mitten aus der Finsternis hörtet und der Berg im Feuer brannte, da tratet ihr zu mir, alle Oberhäupter eurer Stämme und eure Ältesten, und ihr spracht: Siehe, der HERR, unser Gott, hat uns seine Herrlichkeit und seine Größe sehen lassen, und wir haben seine Stimme mitten aus dem Feuer gehört; heute haben wir gesehen, daß Gott mit den Menschen redet und sie am Leben bleiben.*

> *Und nun, warum sollen wir sterben? Denn dieses große Feuer wird uns verzehren!* ***Wenn wir die Stimme des HERRN, unseres Gottes, noch weiter hören, so müssen wir sterben! Denn wer von allem Fleisch könnte die Stimme des lebendigen Gottes mitten aus dem Feuer reden hören, wie wir, und am Leben bleiben?*** *Tritt du hinzu und höre alles, was der HERR, unser Gott, reden wird; und du sollst uns alles sagen, was der HERR, unser Gott, zu dir reden wird; und wir wollen darauf hören und es tun!*

> *Als aber der HERR den Wortlaut eurer Rede hörte, die ihr mit mir redetet, da sprach der HERR zu mir: Ich habe den Wortlaut der*

Rede dieses Volkes gehört, die sie mit dir geredet haben. Es ist alles gut, was sie geredet haben. ***O wenn sie doch immer ein solches Herz hätten, mich zu fürchten und alle meine Gebote allezeit zu halten, damit es ihnen gut ginge und ihren Kindern ewiglich!*** *(5Mo 5,22-29)*

Gottesfurcht und Gnade sind keine Gegensätze

Im Gegensatz zu den Gläubigen des Alten Testaments sind wir neutestamentlichen Gläubigen durch das vollkommene Erlösungswerk des Herrn Jesus Christus in eine weit innigere und tiefere Beziehung zu Gott, unserem Vater, gekommen. Daher ist die Furcht im Sinne von Angst vor Gott für die Kinder Gottes überwunden, wie der Apostel Johannes bezeugt:

Darin ist die Liebe bei uns vollkommen geworden, daß wir Freimütigkeit haben am Tag des Gerichts, denn gleichwie Er ist, so sind auch wir in dieser Welt. Furcht ist nicht in der Liebe, sondern die vollkommene Liebe treibt die Furcht aus, denn die Furcht hat mit Strafe zu tun; wer sich nun fürchtet, ist nicht vollkommen geworden in der Liebe. (1Joh 4,17-18)

Jedes echte Kind Gottes darf wissen: Durch das vollkommene Sühnopfer Jesu Christi ist das verzehrende Feuer des Zornes Gottes für immer gestillt. Der sündlose Sohn Gottes hat das Gericht über ausnahmslos alle meine Sünden getragen und sie für immer getilgt; ich darf voller kindlicher Zuversicht und Freude vor meinen himmlischen Vater kommen und darf mich Seiner Liebe und Güte erfreuen. »*So gibt es nun keine Verdammnis mehr für die, welche in Christus Jesus sind*« (Röm 8,1).

Ist Gott für uns, wer kann gegen uns sein? Er, der sogar seinen eigenen Sohn nicht verschont hat, sondern ihn für uns alle dahingegeben hat, wie sollte er uns mit ihm nicht auch alles schenken? Wer will gegen die Auserwählten Gottes Anklage erheben? Gott [ist es doch], der rechtfertigt! (Röm 8,31-33)

Dennoch bleibt die Gottesfurcht, wie die vielen neutestamentlichen Aussagen bezeugen, eine wesentliche Grundlage unserer Beziehung zu unserem himmlischen Vater, zu dem Herrn Jesus Christus wie auch zu dem Heiligen Geist. Sie kann in bezug auf Gläubige, die in einer inneren Beziehung zu Gott stehen, sicherlich am besten mit »Ehrfurcht« umschrieben werden.

Gott zürnt nicht mehr; Er ist für uns; wir dürfen uns Seiner Gnade und Fürsorge erfreuen; aber Er bleibt immer noch der heilige, ehrfurchtgebietende Gott, der Allerhöchste, der die Sünde haßt und das Böse nicht duldet.

Deshalb wird der Gottesfürchtige sich vor der Sünde hüten und rasch Buße tun, wenn er in eine Sünde gefallen ist. Er wird nicht mit der Sünde spielen oder in ihr verharren und dafür womöglich faule Ausreden suchen. Er wandelt im Licht, wie es der 1. Johannesbrief lehrt (1Joh 1,5 – 2,2); er tut nicht beständig Sünde und lebt nicht in der Sünde, weil er aus Gott geboren ist; er kann nicht in der Sünde leben (1Joh 3,9); er bewahrt sich selbst (1Joh 5,18).

So ist es gerade der Gottesfürchtige, der die Gnade Gottes besonders tief und klar erkennen und wertschätzen kann. Er weiß um seine eigene Verderbnis und Verkehrtheit; er erkennt die furchterregende Heiligkeit Gottes, und er sieht voll Staunen und Dankbarkeit, was sein Herr und Erlöser Jesus Christus für ihn getan hat.

Er vertraut nicht auf seine eigene untaugliche Gerechtigkeit, aber er weiß, daß er in die makellose Gerechtigkeit des Sohnes Gottes gekleidet ist und in Ihm heilig und tadellos vor Gott steht (vgl. Eph 5,25-27; Kol 1,21-23). Er darf sich der Heilsgewißheit erfreuen, weil er die ungetrübte Gemeinschaft mit seinem Gott und Retter sucht und nicht auf zwielichtige, krumme Pfade abweicht.

Schon im Alten Testament finden wir Gottesfurcht und Gnade eng miteinander verbunden in den Versen des Psalms 103:

> *Barmherzig und gnädig ist der* HERR, *geduldig und von großer Güte. (…) Er hat nicht mit uns gehandelt nach unseren Sünden und uns nicht vergolten nach unseren Missetaten. Denn so hoch der Himmel über der Erde ist, so groß ist seine Gnade über denen,*

die ihn fürchten; so fern der Osten ist vom Westen, hat er unsere Übertretungen von uns entfernt. Wie sich ein Vater über Kinder erbarmt, so erbarmt sich der HERRN über die, welche ihn fürchten; denn er weiß, was für ein Gebilde wir sind; er denkt daran, daß wir Staub sind. (...) Aber die Gnade des HERRN währt von Ewigkeit zu Ewigkeit über denen, die ihn fürchten, und seine Gerechtigkeit bis zu den Kindeskindern (Ps 103,8-17)

1. Gottesfurcht ist eine innere Herzenshaltung der Gläubigen

Gottesfurcht ist zuallererst eine *Herzenshaltung*, die im Innersten des Menschen wurzelt und dann auch sein ganzes Denken und Handeln prägt.

Das Wort Gottes zeigt uns deutlich, daß eine bloß äußerliche, angelernte, als Fassade aufrechterhaltene Gottesfurcht dem heiligen Gott nicht wohlgefällig ist: »*Weiter spricht der Herr: Weil sich dieses Volk mit seinem Mund mir naht und mich mit seinen Lippen ehrt,* ***während es doch sein Herz fern von mir hält und ihre Furcht vor mir nur angelerntes Menschengebot ist*** ...« (Jes 29,13).

Eine bloße Fassade der Gottesfurcht kann den ewigen Gott, der in die tiefsten Bereiche unseres Herzens sieht, nicht zufriedenstellen. »*Denn [der HERR] sieht nicht auf das, worauf der Mensch sieht; denn der Mensch sieht auf das, was vor Augen ist,* ***der HERR aber sieht das Herz an!***« (1Sam 16,7). Unsere Gottesfurcht muß also eine tiefe innere Haltung sein, die vom Heiligen Geist gewirkt ist und unser ganzes Herz, unser ganzes Denken formt und bestimmt:

O wenn sie doch immer ***ein solches Herz hätten, mich zu fürchten*** *und alle meine Gebote allezeit zu halten, damit es ihnen gut ginge und ihren Kindern ewiglich! (5Mo 5,29)*

... und sie sollen mein Volk sein, und ich will ihr Gott sein; ***und ich will ihnen ein Herz und einen Wandel geben, daß sie mich***

*allezeit **fürchten**, ihnen selbst zum Besten und ihren Kindern nach ihnen. Und ich will einen ewigen Bund mit ihnen schließen, daß ich nicht von ihnen ablassen will, ihnen wohlzutun. **Und ich werde die Furcht vor mir in ihr Herz geben**, damit sie nicht mehr von mir abweichen, und damit ich mich über sie freuen kann, ihnen wohlzutun; und ich werde sie einpflanzen in dieses Land in Wahrheit, mit meinem ganzen Herzen und mit meiner ganzen Seele. (Jer 32,38-41)*

*Mein Bund mit ihm war Leben und Friede, **und ich verlieh ihm beides, damit er [mich] fürchtete, und er fürchtete mich auch und hatte Ehrfurcht vor meinem Namen.** (Mal 2,5)*

In einem gewissen Sinn ist die Ehrfurcht vor Gott die Grundlage unseres ganzen Glaubenslebens, weil das Wort Gottes uns sagt, daß sie der »Anfang der Erkenntnis« ist:

***Die Furcht des HERRN ist der Anfang der Erkenntnis**; nur Toren verachten Weisheit und Zucht! (Spr 1,7)*

Das bedeutet doch: Wenn ich keine Ehrfurcht vor dem heiligen Gott habe, dann habe ich Ihn noch gar nicht wirklich erkannt, und mein ganzes Gebäude von »Gotteserkenntnis« ruht auf einem falschen, brüchigen Fundament! Wie ernst ist das für die vielen heutigen Christen, die eine verwässerte Verkündigung eines menschengemachten »Evangeliums« gehört haben, bei dem die Gottesfurcht ausgespart ist!

Das heutige falsche »Evangelium« ohne Gottesfurcht ist eine Irreführung

Wie viele moderne Prediger sprechen nicht mehr von der verzehrenden Heiligkeit Gottes, von Seinem Haß gegen die Sünde, von dem Zorngericht der Hölle, das auf unbekehrte Sünder wartet! Wie viele haben selbst keine Gottesfurcht mehr und können sie deshalb auch nicht weitergeben an die, welche ihnen zuhören!

Heute glauben erschreckend viele Scheinchristen an einen blassen, menschenfreundlichen »lieben Gott«, der angeblich nur aus einer süßlichen »Liebe« und aus toleranter »Barmherzigkeit« besteht, der gar kein Gericht mehr an den Menschen übt, sondern sie alle »bedingungslos annimmt«, auch ohne Herzensumkehr und Glauben an den Herrn Jesus Christus!

Sie meinen, dieser tolerante »Gott«, den sie manchmal ganz vertraulich »mein Daddy« nennen, sei nur zu ihrer Wunscherfüllung da und segne alle ihre sündigen, eigenwilligen Wege ab. Sie stellen sich ihn ohne Heiligkeit und Gerechtigkeit vor und erwarten von ihm nach heidnischer Manier, daß er ihnen beständig Erfolg, Wohlergehen, Reichtum und Gesundheit schenkt. So wird es vor allem in vielen charismatischen Kreisen heute vermittelt.

Viele meinen sogar, dieser falsche »christliche« Gott sei ja der »Vater aller Menschen«, ganz gleich, ob sie irgendwelchen heidnischen Götzenreligionen anhängen oder äußerliche Namenschristen ohne Neugeburt sind. Sie meinen, man könne auch ohne Bekehrung zu Jesus Christus und Glauben an Ihn zu diesem toleranten »Gott« kommen, obgleich doch der Herr Jesus ganz klar bezeugt hat:

> *Ich bin der Weg und die Wahrheit und das Leben; niemand kommt zum Vater als nur durch mich! (Joh 14,6)*

> *Wer an den Sohn glaubt, der hat ewiges Leben; wer aber dem Sohn nicht glaubt, der wird das Leben nicht sehen, sondern der Zorn Gottes bleibt auf ihm. (Joh 3,36)*

Heute wird allzu oft ein weichgespültes, unbiblisches »Evangelium« von einem menschlich erdachten falschen »Jesus« verkündigt, der angeblich ohne Umkehr, Kreuz und Selbstverleugnung einen direkten Zugang zu einem humanistischen, bedingungslos liebenden »Gott« und in ein humanistisch-soziales »Reich Gottes« vermittelt, das hier und heute auf Erden errichtet wird.

Solche stromlinienförmigen, bequemen und schmeichelnden Botschaften kommen gut an bei den Menschen; sie haben nur einen entscheidenden Nachteil: Sie sind dreiste Lüge und schrecklicher Betrug! Sie bringen die Menschen, die ihnen vertrauen, nicht in den Himmel, sondern leiten sie auf dem breiten Weg direkt ins Verderben!

Geht ein durch die enge Pforte! ***Denn die Pforte ist weit und der Weg ist breit, der ins Verderben führt; und viele sind es, die da hineingehen.*** *Denn die Pforte ist eng und der Weg ist schmal, der zum Leben führt; und wenige sind es, die ihn finden. Hütet euch aber vor den falschen Propheten, die in Schafskleidern zu euch kommen, inwendig aber reißende Wölfe sind! (Mt 7,13-15)*

Nicht jeder, der zu mir sagt: Herr, Herr! wird in das Reich der Himmel eingehen, sondern wer den Willen meines Vaters im Himmel tut. *Viele werden an jenem Tag zu mir sagen: Herr, Herr, haben wir nicht in deinem Namen geweissagt und in deinem Namen Dämonen ausgetrieben und in deinem Namen viele Wundertaten vollbracht?* ***Und dann werde ich ihnen bezeugen: Ich habe euch nie gekannt; weicht von mir, ihr Gesetzlosen!*** *(Mt 7,21-23)*

Echte Bekehrung geht mit der Furcht Gottes einher

Eine echte Bekehrung wird letztlich immer zur Furcht des Herrn führen, weil der Geist Gottes, der allein echte Bekehrungen zustandebringt, dem Menschen die Gottesfurcht einflößt.

Sicherlich wird das Maß an Erkenntnis und Furcht des Herrn, das ein Mensch bei seiner Bekehrung hat, recht unterschiedlich sein; aber jedes echte Werk des Geistes, jede echte Neugeburt bewirkt auch Gottesfurcht. Auch im weiteren Glaubensleben ist die Gottesfurcht gewiß unterschiedlich stark ausgeprägt, aber sie darf bei einem Kind Gottes nicht fehlen.

Wenn ich mich wahrhaft zu dem heiligen, allmächtigen Gott bekehrt habe, dann wird eine innere Haltung der Ehrfurcht mein Herz erfüllen. Ich will dann niemals herablassend oder lässig über Gott oder göttliche Dinge denken oder reden, geschweige denn lässig und herablassend *mit* Ihm reden. Alle lässigen, plump-vertraulichen Gedanken und Redewendungen sollten fern von mir bleiben, ganz besonders wenn es um meinen Gott geht. Was Er haßt – Sünde, Frechheit, Frevel, Ausschweifung, Bosheit, verdorbene Lehre – das will auch ich hassen und lassen.

Ich will Gott demütig und ehrfürchtig nahen, nicht in Stolz und Ärger, nicht mit Vorwürfen oder eigenmächtigen Forderungen und Erwartungen, sondern in einer Grundhaltung der Unterwerfung unter Seine Majestät und einer Ergebung in Seinen Willen.

Auch meinen Mitmenschen begegne ich, wenn ich Gottesfurcht im Herzen habe, in Sanftmut und Demut, in Hilfsbereitschaft und Barmherzigkeit. Ich meide Stolz und Zorn, Eigenmächtigkeit und Willkür, Betrug oder Übervorteilung anderer. Ich begegne anderen mit Liebe, Achtung und Freundlichkeit, weil sie Geschöpfe Gottes sind. Ich denke und rede über sie so, wie es Gott möchte.

Auf der anderen Seite macht Gottesfurcht mich unabhängig vom Druck und den Erwartungen von Menschen; sie befreit von Menschenfurcht und gibt mir Kraft, gegen den Strom zu schwimmen. *»Auf Gott vertraue ich und fürchte mich nicht; was kann ein Mensch mir antun?«* (Ps 56,12). *»Die ihr den HERRN fürchtet, vertraut auf den HERRN! Er ist ihre Hilfe und ihr Schild«* (Ps 115,11).

Ja, die Gottesfurcht macht mich auch fähig, Anfeindungen und Verfolgungen willig zu ertragen, anstatt zurückzuweichen und mich anzupassen. *»Hört auf mich, ihr, die ihr die Gerechtigkeit kennt, du Volk, das mein Gesetz im Herzen trägt! Fürchtet euch nicht vor dem Schmähen der Menschen und entsetzt euch nicht vor ihrem Lästern«* (Jes 51,7; vgl. Mt 10,28).

So ist die Furcht des Herrn eine Grundlage für weitere innere Qualitäten und geistliche Tugenden, die unser Denken und unsere Gesinnung prägen sollten: Weisheit, Besonnenheit, Zucht und manches andere, wovon wir vor allem im Buch der Sprüche lesen.

> ***Die Furcht des Herrn ist der Anfang der Weisheit; sie macht alle einsichtig, die sie befolgen.*** *Sein Ruhm bleibt ewiglich bestehen. (Ps 111,10)*

Und anerkannt groß ist das ***Geheimnis der Gottesfurcht****: Gott ist geoffenbart worden im Fleisch, gerechtfertigt im Geist, gesehen von den Engeln, verkündigt unter den Heiden, geglaubt in der Welt, aufgenommen in die Herrlichkeit. (1Tim 3,16)*

»Gottesfurcht« oder »Frömmigkeit« war zur Zeit des Apostels Paulus ein durchaus geläufiger Begriff. Viele Menschen waren damals »religiös« und »fromm«; sie opferten vielen Göttern und suchten sie so günstig zu stimmen, sie vollbrachten gute Taten und beteten zu den Götzen, sie taten Gelübde und unternahmen Wallfahrten. Doch all das brachte ihnen keinen wahren Frieden, kein reines Gewissen. So ergeht es heute noch zahllosen Namenschristen bei uns.

Dagegen zeigt der Apostel Paulus hier klar auf, was das Geheimnis aller wahren Gottesverehrung und Gottesfurcht ist: Jesus Christus, der Sohn Gottes, der Mensch geworden ist – *»Gott geoffenbart im Fleisch«*. Der Herr Jesus kam vom Himmel auf die Erde herab; Er, der Gott von Ewigkeit ist, wurde wahrer Mensch und opferte sich als der Schuldlose und Gerechte für uns.

Am Kreuz trug Er deine und meine Schuld und Sünde; die Strafe lag auf Ihm, damit wir Frieden hätten – durch Sein Blut allein können sündige, schuldbeladene Menschen gerecht und rein werden und mit Gott Gemeinschaft haben.

Er blieb nicht im Tod, konnte nicht im Tod bleiben. Er wurde auferweckt von dem Vater durch die Kraft des Heiligen Geistes und dadurch *»gerechtfertigt im Geist«*. Die Engel Gottes waren Zeugen Seiner Auferstehung und gaben diese Botschaft an die Menschen weiter. Die von Ihm beauftragten Sendboten verkündigten die Botschaft von Christus bis hin zu den fernen Heidenvölkern, und viele kamen dadurch zum Glauben.

Währenddessen hatte der verherrlichte Sohn des Menschen Seinen Platz in der himmlischen Herrlichkeit eingenommen, wo Er jetzt zur Rechten Gottes sitzt und wartet, bis alles Ihm zu Füßen gelegt wird und Er Sein Reich antreten wird.

Nicht irgendeine menschengemachte »Frömmigkeit«, nicht irgendein »Glaube« an einen nebulösen »Gott« errettet aus dem Gericht Gottes und verleiht ewiges Leben. Das Geheimnis wahrer Gottesfurcht ist eine Person – der Herr Jesus Christus, der alleinige Retter und Mittler zwischen Gott und den Menschen.

> *Denn es ist* ein *Gott und* ein *Mittler zwischen Gott und den Menschen, der Mensch Christus Jesus, der sich selbst als Lösegeld für alle gegeben hat. (1Tim 2,5; vgl. auch Joh 14,6)*

Wer sich von Herzen zu Jesus Christus bekehrt und Ihn als Herrn und Erlöser im Glauben annimmt, der allein lebt wahre Gottesverehrung und Frömmigkeit, der allein hat wahre Gemeinschaft mit dem lebendigen Gott! Das war die Botschaft, die der Apostel Paulus im 1. Jahrhundert in der Heidenwelt verkündigte, und das ist auch die Botschaft, die wir Gläubigen heute bezeugen und ausbreiten dürfen.

Echte Frömmigkeit bedeutet *»Christus in uns«* (vgl. Kol 1,27), bedeutet Wiedergeburt aus dem Geist, bedeutet Anteil zu haben an dem Auferstehungsleben des Christus – nicht äußere Fassade, sondern innere Erneuerung; nicht menschengewirkte Reform des Lebens, sondern eine neue Schöpfung!

Echte Kinder Gottes zeichnen sich durch Gottesfurcht aus

Wenn falsche Lehrer den Leuten einreden wollen, im Neuen Testament bräuchten wir keine Gottesfurcht mehr, weil wir ja als Kinder Gottes ein solch vertrauliches Verhältnis zu Gott als unserem Vater bekommen haben, so liegt darin eine gefährliche Einseitigkeit und Verführung.

Gewiß sind wir dem heiligen Gott nahegebracht durch das Blut des Christus, angenehm gemacht in dem geliebten Sohn, und wir dürfen als geliebte Kinder rufen: »Abba, lieber Vater!« Aber dieser unser Gott und himmlische Vater ist immer noch der hoch erhabene, majestätische Gott des Himmels und der Erde, dem wir Ehrfurcht schulden (vgl. auch 1Pt 1,14-19):

Darum, weil wir ein unerschütterliches Reich empfangen, ***laßt uns die Gnade festhalten, durch die wir Gott auf wohlgefällige Weise dienen können mit Scheu und Ehrfurcht!*** *Denn unser Gott ist ein verzehrendes Feuer. (Hebr 12,28-29)*

So hatten nun die Gemeinden Frieden in ganz Judäa und Galiläa und Samaria und wurden auferbaut und ***wandelten in der Furcht des Herrn*** *und wuchsen durch den Beistand des Heiligen Geistes. (Apg 9,31)*

Weil wir nun diese Verheißungen haben, Geliebte, so wollen wir uns reinigen von aller Befleckung des Fleisches und des Geistes ***zur Vollendung der Heiligkeit in Gottesfurcht!*** *(2Kor 7,1)*

Ihr Knechte, gehorcht euren leiblichen Herren in allen Dingen; nicht mit Augendienerei, um den Menschen zu gefallen, sondern in Einfalt des Herzens, ***als solche, die Gott fürchten.*** *(Kol 3,22)*

So wollen wir lernen, unserem Gott und Vater voller kindlichem Vertrauen und Glaubenszuversicht zu nahen und zugleich doch Ihm allzeit die schuldige Ehrfurcht zu erweisen, die Seiner Majestät und Heiligkeit Rechnung trägt.

2. Die wertvollen Früchte der Gottesfurcht

Die Bibel spricht an verschiedenen Stellen davon, daß die Grundhaltung der Gottesfurcht wertvolle Früchte bringt und geistlich gute Auswirkungen auf unseren Charakter und unseren Wandel hat. Wenn wir den Herrn wirklich fürchten, dann meiden wir sündige, Gott mißfallende Gedanken und Taten und streben nach solchen Dingen, die geistlich wertvoll und Gott wohlgefällig sind. Wir wandeln demütig vor dem großen Gott und scheuen uns davor, Ihm zu mißfallen. Wir wollen einige solche Früchte der Gottesfurcht etwas näher betrachten.

a) Gottesfurcht bewirkt Abscheu gegen die Sünde und das Böse

Der Gottesfürchtige erkennt, daß sein Gott, der Ehrfurchtgebietende, die Sünde haßt und verabscheut und sie mit Gericht und Züchtigung beantwortet; also verabscheut und meidet auch er die Sünde. Er sollte dies nicht nur als Furcht vor den negativen Folgen jeder Sünde tun, sondern auch, weil er in seiner geistlichen Gesinnung so denkt, wie Gott auch denkt, weil er die Sünde innerlich verabscheut und haßt und seinen gnädigen Gott und Vater auf keinen Fall betrüben will.

Oftmals mangelt es uns an solchem geistlichen Urteil über die Sünde; dann sollten wir den Herrn ernstlich bitten, es in uns zu wirken. Ein Vorbild kann uns hier Joseph sein, der angesichts der Versuchung durch seine Herrin sagte: »*Wie sollte ich nun eine so große Missetat begehen und gegen Gott sündigen?*« (1Mo 39,9), und es vorzog, vor der Sünde zu fliehen, auch wenn ihm das Gefängnis und Not einbrachte.

Aber die Gottesfurcht ist sich auch der Konsequenzen der Sünde in der moralischen Regierung Gottes bewußt. Jede Sünde bringt nach dem Grundsatz von Saat und Ernte böse Früchte, und das gilt nicht nur für das Alte Testament, sondern natürlich genauso für die neutestamentlichen Gläubigen: »*Irrt euch nicht: Gott läßt sich nicht spotten! Denn was der Mensch sät, das wird er auch ernten*« (Gal 6,7).

Gottesfurcht zeigt sich ganz praktisch darin, daß ein Kind Gottes Sünde meidet und davor zurückschreckt, selbst wenn es von ihr einige Vorteile haben könnte und sie vor dem Menschen verborgen bliebe. Der Gottlose dagegen, der Mensch, der Gott nicht fürchtet, hat keine Probleme damit, zu sündigen, solange er sich davon Vorteile verspricht.

Der Gottesfürchtige ist sich seiner eigenen gefallenen Natur und seiner Versuchlichkeit bewußt und meidet deshalb Versuchung und Sünde; er wandelt besonnen und vorsichtig, sorgfältig und in dem Bestreben, allezeit vor Gott ein unverletztes, gutes Gewissen zu bewahren (vgl. Apg 23,1; 24,16; 1Tim 1,5.19; 1Pt 3,16).

Kommt her, ihr Kinder, hört auf mich; ich will euch die Furcht des HERRN lehren! Wer ist der Mann, der Leben begehrt, der sich Tage wünscht, an denen er Gutes schaut? ***Behüte deine Zunge vor Bösem und deine Lippen, daß sie nicht betrügen; weiche vom Bösen und tue Gutes, suche den Frieden und jage ihm nach!*** *Die Augen des HERRN achten auf die Gerechten und seine Ohren auf ihr Schreien; das Angesicht des HERRN steht gegen die, welche Böses tun, um ihr Andenken von der Erde zu vertilgen. (Ps 34,12-17)*

Die Furcht des HERRN bedeutet, das Böse zu hassen; *Stolz und Übermut, den Weg des Bösen und einen verkehrten Mund hasse ich. (Spr 8,13)*

Es war ein Mann im Land Uz, der hieß Hiob; der war ein untadeliger und rechtschaffener Mann, ***der Gott fürchtete und das Böse mied.*** *(Hi 1,1)*

Mose aber sprach zum Volk: Fürchtet euch nicht, denn Gott ist gekommen, um euch zu prüfen, ***und damit die Furcht vor ihm euch vor Augen sei, damit ihr nicht sündigt!*** *(2Mo 20,20)*

So soll nun keiner seinen Nächsten übervorteilen; sondern du sollst dich fürchten vor deinem Gott; denn ich, der HERR, bin euer Gott! (3Mo 25,17)

b) Gottesfurcht bewirkt Ehrfurcht und Gehorsam gegenüber Gottes Wort

Der Gottesfürchtige ist sich zutiefst dessen bewußt, daß sein Gott und Vater uns Sein Wort und Seine Gebote gegeben hat, damit wir sie von ganzem Herzen bewahren und befolgen. *Die Ehrfurcht vor Gott zieht ganz folgerichtig auch eine Ehrfurcht vor Seinem Wort nach sich*, das heilig und göttlich ist, voller Kraft und Licht.

Ich will aber den ansehen, ***der demütig und zerbrochenen Geistes ist und der zittert vor meinem Wort.*** *(Jes 66,2; vgl. V. 5)*

Mein Fleisch schaudert aus Furcht vor dir, ***und ich habe Ehrfurcht vor deinen Bestimmungen!*** *(Ps 119,120)*

Das Wort Gottes ist dem Gottesfürchtigen kostbar und wertvoll; er studiert es und sinnt darüber nach, so oft es ihm möglich ist; er ist ernstlich bestrebt, die Anweisungen Gottes zu befolgen in dem Wissen, daß jeder Ungehorsam, jede Nachlässigkeit ungute Folgen hat.

Der Gottesfürchtige meidet jede Witzelei über Gottes Wort und über heilige Dinge; er denkt und redet ehrfürchtig über die Bibel. Er verharmlost nie den Ungehorsam gegenüber Gottes Geboten und verspottet auch nicht die Gehorsamen als »gesetzlich«.

Er bedenkt Gottes Lehren und Gebote in seinem Alltagsleben und blendet sie nicht einfach aus; er lebt nicht zuchtlos nach seinen Lüsten und Gedankeneingebungen, sondern in seinem Geist ist das Wort Gottes mit seinen Geboten wie ein Prüffilter, der Unpassendes und Böses aussortiert und blockiert.

… daß du den Herrn, deinen Gott, fürchtest und alle seine Satzungen und Gebote hältst, *die ich dir gebiete, du und deine Kinder und deine Kindeskinder alle Tage deines Lebens, damit du lange lebst. (5Mo 6,2)*

Und bewahre die Gebote des Herrn, deines Gottes, daß du in seinen Wegen wandelst und ihn fürchtest! *(5Mo 8,6)*

Und dieses soll bei ihm sein, und er soll darin lesen alle Tage seines Lebens, ***damit er lernt, den Herrn, seinen Gott, zu fürchten, damit er alle Worte dieses Gesetzes und diese Satzungen bewahrt und sie tut*** *… (5Mo 17,19)*

c) Gottesfurcht bewirkt Respekt vor Autoritätspersonen

Der Gottesfürchtige weiß: es ist der Wille Gottes, daß wir unsere Eltern, ältere Menschen und Menschen in Autoritätsstellungen achten und respektieren und uns ihnen auch unterordnen, soweit die Ordnung Gottes das verlangt. Der Gottlose dagegen verachtet Gottes Autorität und auch die Autorität von Menschen; er bläht sich selbst auf und hält sich für den Größten.

Wenn wir in der Furcht des Herrn stehen, respektieren wir den Rat weiser älterer Geschwister (was nicht bedeutet, daß wir ihn automatisch übernehmen). Wir achten unsere Eltern, auch wenn wir selbst schon erwachsen sind und reden nicht herabsetzend über sie. Wir respektieren die Ältesten in der Gemeinde und ordnen uns ihnen unter, auch wenn wir vielleicht gewisse Dinge etwas anders sehen als sie.

Gottesfurcht bewirkt auch Unterordnung und Respekt gegenüber weltlichen Autoritäten – gegenüber unseren Lehrern, gegenüber den Vorgesetzten im Beruf, gegenüber der staatlichen Obrigkeit, seien es Polizisten, Richter, Bürgermeister oder die Regierungen. Dieser Respekt schließt auch das heute weitverbreitete Lästern und Witzereißen gegenüber hochgestellten Personen aus, ebenso respektlose Spitznamen oder verächtliche Bemerkungen.

Ihr sollt jeder Ehrfurcht vor seiner Mutter und seinem Vater haben *und meine Sabbate halten, denn ich, der Herr, bin euer Gott. (3Mo 19,3)*

Vor einem grauen Haupt sollst du aufstehen und alte Leute ehren; und du sollst dich fürchten vor deinem Gott! *Ich bin der Herr. (3Mo 19,32)*

So gebt nun jedermann, was ihr schuldig seid: Steuer, dem die Steuer, Zoll, dem der Zoll, ***Furcht, dem die Furcht, Ehre, dem die Ehre gebührt.*** *(Röm 13,7)*

Erweist jedermann Achtung, liebt die Bruderschaft, ***fürchtet Gott, ehrt den König!*** *(1Pt 2,17)*

Fürchte den Herrn, mein Sohn, und den König, *und laß dich nicht mit Aufrührern ein! (Spr 24,21)*

d) Gottesfurcht bewirkt Weisheit und Einsicht

Wahre Weisheit ist eine Frucht des Geistes Gottes; man erhält sie nur, wenn man den Herrn fürchtet. Die Welt kennt keine wahre Weisheit; sie kennt nur Klugheit und Cleverness, fleischliche Intellektualität und taktische Schlauheit.

Aber all das ist Torheit vor Gott und muß scheitern und zuschanden werden, denn die Klugheit dieser Welt läßt den wichtigsten Faktor im ganzen Universum aus: die Existenz und das Wirken des lebendigen Gottes, des Schöpfers aller Dinge und Herrschers über alles. Damit werden alle Berechnungen des menschlichen Verstandes falsch und nichtig.

> *Denn das Wort vom Kreuz ist eine Torheit denen, die verlorengehen; uns aber, die wir gerettet werden, ist es eine Gotteskraft; denn es steht geschrieben: »**Ich will zunichte machen die Weisheit der Weisen, und den Verstand der Verständigen will ich verwerfen**«. Wo ist der Weise, wo der Schriftgelehrte, wo der Wortgewaltige dieser Weltzeit? Hat nicht Gott die Weisheit dieser Welt zur Torheit gemacht? Denn weil die Welt durch [ihre] Weisheit Gott in seiner Weisheit nicht erkannte, gefiel es Gott, durch die Torheit der Verkündigung diejenigen zu retten, die glauben. (1Kor 1,18-21)*

Die Ehrfurcht vor dem lebendigen Gott, der alles regiert, ist der Wurzelgrund aller wahren Weisheit und geistlichen Einsicht. *»**Die Furcht des HERRN ist der Anfang der Weisheit**; sie macht alle einsichtig, die sie befolgen«* (Ps 111,10).

Das sollten sich auch alle Christen vor Augen führen, die die Gottesfurcht vernachlässigen und meinen, einiges Kopfwissen über die Bibel sei schon »Weisheit«. So werden sie nicht zu echter Weisheit kommen, denn Weisheit bedeutet, die Wege Gottes mit dem Menschen zu erkennen und entsprechend vor Gott wohlgefällig zu leben, und das ist ohne praktizierte Gottesfurcht unmöglich.

> *Woher kommt denn nun die Weisheit, und wo ist die Fundstätte der Einsicht? Sie ist verborgen vor den Augen alles Lebendigen*

*und vor den Vögeln des Himmels versteckt. Der Abgrund und der Tod sprechen: »Wir haben mit unseren Ohren ein Gerücht von ihr gehört!« Gott hat Einsicht in ihren Weg, und er kennt ihre Fundstätte. Denn Er schaut bis zu den Enden der Erde und sieht alles, was unter dem Himmel ist. Als er dem Wind sein Gewicht gab und die Wasser abwog mit einem Maß, als er dem Regen sein Gesetz bestimmte und dem donnernden Unwetter seinen Weg: da hat er sie gesehen und verkündigt, sie bestätigt und ergründet, und er sprach zum Menschen: »**Siehe, die Furcht des Herrn, das ist Weisheit, und vom Bösen weichen, das ist Einsicht!**« (Hi 28,20-28)*

***Die Furcht des Herrn ist die Schule der Weisheit**, und der Ehre geht Demut voraus. (Spr 15,33)*

3. Die Gottesfurcht hat kostbare Verheißungen in diesem und im künftigen Leben

Schließlich wollen wir uns noch vor Augen führen, daß die Furcht des Herrn einige kostbare Verheißungen hat; Gott hat diese Zusagen in Seinem Wort für diejenigen gegeben, die Ihn fürchten, und wir dürfen sie im Glauben für uns annehmen, wenn wir Gottesfürchtige sind. »*Erfülle an deinem Knecht dein Wort, das denen gilt, die dich fürchten*« (Ps 119,38).

Diese Verheißungen wurden großenteils schon im Alten Testament gegeben, aber wir lesen im Neuen Testament von ihnen, daß sie auch für die Gläubigen heute gelten:

Denn so viele Verheißungen Gottes es gibt – in ihm ist das Ja, und in ihm auch das Amen, Gott zum Lob durch uns! (2Kor 1,20)

*Denn die leibliche Übung nützt wenig, die Gottesfurcht aber ist für alles nützlich, da sie die **Verheißung für dieses und für das zukünftige Leben** hat. (1Tim 4,8)*

Für das künftige Leben gilt ganz sicherlich die immer wieder ausgesprochene Verheißung, daß Gott alle diejenigen in der kommenden Herrlichkeit belohnen wird, die Ihm treu dienen und die Ihn fürchten; insbesondere auch die Verheißungen, die uns einen Anteil am künftigen Reich des Messias zusichern.

Der Gottesfürchtige wird reichen Lohn im zukünftigen Leben haben, ja der eigentliche Lohn eines geheiligten, gottesfürchtigen Lebens wird erst offenbar werden in der himmlischen Herrlichkeit, wenn der Herr uns Seinen Siegeskranz und weiteren Lohn und Ankerkennung für alle Dienste und Opfer verleihen wird (Näheres dazu siehe S. 115-117).

> *Und wer erntet, **der empfängt Lohn und sammelt Frucht zum ewigen Leben**, damit sich der Sämann und der Schnitter miteinander freuen. (Joh 4,36)*

> *Und alles, was ihr tut, das tut von Herzen, als für den Herrn und nicht für Menschen, da ihr wißt, **daß ihr von dem Herrn zum Lohn das Erbe empfangen werdet**; denn ihr dient Christus, dem Herrn! (Kol 3,23-24)*

> *Ohne Glauben aber ist es unmöglich, ihm wohlzugefallen; denn wer zu Gott kommt, muß glauben, **daß er ist, und daß er die belohnen wird, welche ihn suchen**. (Hebr 11,6)*

Zu den Verheißungen für dieses Leben gehört ganz grundlegend die Zusage, daß Gottes Wohlgefallen auf denen ruht, die Ihn fürchten:

> *Er hat keine Freude an der Stärke des Rosses, noch Gefallen an der Kraft des Mannes; **der HERRN hat Gefallen an denen, die ihn fürchten, die auf seine Gnade hoffen**. (Ps 147,10-11)*

Eine Zusage des Herrn für dieses Leben hier auf Erden ist auch die gnädige Zuwendung des allmächtigen Gottes zu allen, die Ihn fürchten:

Denn so hoch der Himmel über der Erde ist, ***so groß ist seine Gnade über denen, die ihn fürchten;*** *so fern der Osten ist vom Westen, hat er unsere Übertretungen von uns entfernt.* ***Wie sich ein Vater über Kinder erbarmt, so erbarmt sich der HERR über die, welche ihn fürchten;*** *denn er weiß, was für ein Gebilde wir sind; er denkt daran, daß wir Staub sind.*

Die Tage des Menschen sind wie Gras; er blüht wie eine Blume auf dem Feld; wenn ein Wind darüber geht, so ist sie nicht mehr da, und ihre Stätte kennt sie nicht mehr. ***Aber die Gnade des HERRN währt von Ewigkeit zu Ewigkeit über denen, die ihn fürchten,*** *und seine Gerechtigkeit bis zu den Kindeskindern bei denen, die seinen Bund bewahren und an seine Gebote gedenken, um sie zu tun. (Ps 103,11-18)*

Wie groß ist deine Güte, die du denen bewahrst, die dich fürchten, *und die du an denen erzeigst, die bei dir Zuflucht suchen angesichts der Menschenkinder. (Ps 31,20)*

Zu den Verheißungen für die Gottesfurcht gehört auch die Führung und Wegweisung durch den Herrn sowie geistliche Einsicht und vertraute Gemeinschaft mit Ihm; das lesen wir im Psalm 25:

Wer ist der Mann, der den HERRN fürchtet? Er weist ihm den Weg, den er wählen soll. *Seine Seele wird im Guten wohnen, und sein Same wird das Land besitzen. Das Geheimnis des HERRN ist für die, welche ihn fürchten, und seinen Bund läßt er sie erkennen. (Ps 25,12-14)*

Aber auch die Bewahrung und Errettung aus allerlei zeitlichen Bedrängnissen zählt zu den Segnungen, die dem Gottesfürchtigen verheißen sind:

Siehe, das Auge des HERRN achtet auf die, welche ihn fürchten, *die auf seine Gnade harren, damit er ihre Seele vom Tod errette und sie am Leben erhalte in der Hungersnot. (Ps 33,18-19)*

> ***Der Engel des HERRN lagert sich um die her, die ihn fürchten, und er rettet sie.*** *Schmeckt und seht, wie freundlich der HERR ist; wohl dem, der auf ihn traut! Fürchtet den HERRN, ihr seine Heiligen;* ***denn die ihn fürchten, haben keinen Mangel.*** *Junge Löwen leiden Not und Hunger; aber die den HERRN suchen, müssen nichts Gutes entbehren. (Ps 34,8-11)*

> *Die Furcht des HERRN dient zum Leben;* ***wer daran reich ist, der wird über Nacht von keinem Unglück heimgesucht.*** *(Spr 19,23)*

> ***Die ihr den HERRN fürchtet, vertraut auf den HERRN! Er ist ihre Hilfe und ihr Schild.*** *Der HERR wolle an uns gedenken; er wolle segnen! Er segne das Haus Israel, er segne das Haus Aaron! Er segne, die den HERRN fürchten, die Kleinen samt den Großen! (Ps 115,11-13)*

> ***… so weiß der Herr die Gottesfürchtigen aus der Versuchung zu erretten****, die Ungerechten aber zur Bestrafung aufzubewahren für den Tag des Gerichts. (2Pt 2,9)*

Damit verbunden ist auch die Verheißung, daß der Herr auf die Gebete der Gottesfürchtigen hören will:

> *Der HERR ist nahe allen, die ihn anrufen, allen, die ihn in Wahrheit anrufen;* ***er erfüllt das Begehren derer, die ihn fürchten; er hört ihr Schreien und rettet sie.*** *(Ps 145,18-19)*

Die Gottesfürchtigen haben die Verheißung, daß Gott für sie sorgen wird und sie ihre Zukunft in Seiner guten Hand wissen dürfen:

> *Dein Herz sei nicht eifersüchtig auf die Sünder, sondern trachte allezeit eifrig nach der Furcht des HERRN!* ***Denn gewiß gibt es eine Zukunft [für dich], und deine Hoffnung soll nicht zunichte werden.*** *(Spr 23,17-18)*

*Wenn auch ein Sünder hundertmal Böses tut und lange lebt, so weiß ich doch, **daß es denen gut gehen wird, die Gott fürchten, die sich scheuen vor seinem Angesicht**. (Pred 8,12)*

***Wohl jedem, der den HERRN fürchtet, der in seinen Wegen wandelt!** Du wirst dich nähren von der Arbeit deiner Hände; wohl dir, du hast es gut! Deine Frau ist wie ein fruchtbarer Weinstock im Innern deines Hauses; deine Kinder wie junge Ölbäume rings um deinen Tisch. Siehe, so wird der Mann gesegnet, der den HERRN fürchtet! Der HERR segne dich aus Zion, daß du das Glück Jerusalems siehst alle Tage deines Lebens und siehst die Kinder deiner Kinder! Friede sei über Israel! (Ps 128,1-6)*

IV. Gottesfurcht im Lebenswandel der Kinder Gottes

Und wenn ihr den als Vater anruft,
der ohne Ansehen der Person richtet
nach dem Werk jedes einzelnen,
so führt euren Wandel in Furcht,
solange ihr euch hier als Fremdlinge aufhaltet.
(1 Pt 1,17)

Die innere Herzenshaltung der Gottesfurcht, die wir gerade betrachtet haben, läßt sich gar nicht von ihrer Verwirklichung in unserem praktischen Leben trennen.

Die Gottesfurcht als Herzensgesinnung führt auch zu einem geheiligten, gottesfürchtigen Lebenswandel in allen Bereichen unseres Alltags: Ehe, Familie, Schule, Beruf, Nachbarschaft, Freizeit, Gemeinde. Überall, in jeder Situation und jedem Augenblick meines Lebens sollte es einen Unterschied ausmachen, ob ich gottesfürchtig bin oder nicht.

> *Und ich sprach: Was ihr da tut, ist nicht gut! **Solltet ihr nicht in der Furcht unseres Gottes wandeln** wegen der Lästerung der Heiden, unserer Feinde? (Neh 5,9)*

> *Und er gebot ihnen und sprach: **So sollt ihr handeln in der Furcht des HERR, in Wahrheit und mit ungeteiltem Herzen** … (2Chr 19,9)*

Dieser alltägliche Wandel in Gottesfurcht ist ein starkes Zeugnis für die ungläubigen Menschen in unserer Umgebung; durch ihn können wir unseren Gott ehren und das Evangelium ausbreiten helfen:

Gleicherweise sollen auch die Frauen sich ihren eigenen Männern unterordnen, damit, wenn auch etliche sich weigern, dem Wort zu glauben, sie durch den Wandel der Frauen ohne Wort gewonnen werden, ***wenn sie euren in Furcht keuschen Wandel ansehen.*** *(1Pt 3,1-2)*

Gottesfurcht führt zur Heiligung unseres Lebens für Gott

Wir Kinder Gottes hier auf der Erde sind unvollkommen und angefochten, und doch sind wir berufen, nach dem Vorbild unseres Herrn in Gottesfurcht zu leben – mitten unter einem gottlosen und verkehrten Geschlecht. Das bedeutet auch mutige Meidung von götzendienerische Praktiken und die Bereitschaft, mitten unter feindseligen Ungläubigen seinen Glauben zu leben, wie es ein Daniel tat, der sich unter Lebensgefahr weigerte, die Götzenopferspeise des Königs zu essen, und später trotz Todesdrohung zu seinem Gott betete (vgl. Dan 1,8; 6,11).

Wir führen unseren Wandel vor den Augen eines heiligen Gottes, der alles sieht und dem wir einmal Rechenschaft geben werden. Das sollten sich alle echten Kinder Gottes vor Augen führen, wie uns auch der Apostel Petrus bezeugt: *»sondern* ***wie der, welcher euch berufen hat, heilig ist, sollt auch ihr heilig sein in eurem ganzen Wandel.*** *Denn es steht geschrieben: »Ihr sollt heilig sein, denn ich bin heilig!««* (1Pt 1,15-16).[5]

Wenn wir in der Furcht Gottes leben, dann werden wir nicht mitmachen, wenn die Weltmenschen um uns herum lügen und betrügen, sondern werden wahrhaftig sein, auch wenn uns das vordergründig Nachteile bringt.

Wir werden die Gebote Gottes einhalten und auch dann befolgen, wenn uns gesetzlose Christen erzählen, das sei gar nicht notwendig. Wir werden den allgemeinen Niedergang der Zucht und des Anstandes nicht mitmachen und uns von der modernen Mode enthalten, die Männer und vor allem Frauen entblößt und

---

5 Vgl. zum biblischen Heiligungsleben R. Ebertshäuser, *Christus – unsere Heiligung* (Steffisburg: Edition Nehemia 2011).

schamlos zur Schau stellt, sowie auch von dem unkeuschen Umgang mit dem anderen Geschlecht, der heute weithin üblich ist.

Wir werden unsere Ehen heilig halten und in Treue miteinander den Weg gehen, während in der Welt (auch der »christlichen« Welt) Ehebruch, Scheidung und Wiederverheiratung immer mehr um sich greifen. Wir werden auch unsere Kinder nach Kräften zu der Gottesfurcht erziehen, die wir selbst ausleben dürfen, damit auch sie noch zum rettenden Glauben kommen; wir werden ihnen Respekt vor der menschlichen und göttlichen Autorität einflößen und bestrebt sein, sie vor dem Sumpf und Schmutz der Zügellosigkeit und Frechheit zu bewahren, der heute Kinder und Jugendliche zu verschlingen droht.

Die Gnade Gottes leitet uns zu einem gottesfürchtigen Leben

Die weltlich gesinnten Namenschristen verspotten die gottesfürchtigen Gläubigen gerne als »eng« und »gesetzlich«. Aber das echte Kind Gottes weiß, daß eben die *Gnade Gottes*, die es errettet und aus dem Sumpf der Sünde herausgezogen hat, daß gerade diese Gnade ihm ein Ansporn zu einem heiligen, gottesfürchtigen Leben ist, wie uns auch der Apostel Paulus bezeugt:

> *Denn die Gnade Gottes ist erschienen, die heilbringend ist für alle Menschen;* ***sie nimmt uns in Zucht [oder: unterweist uns], damit wir die Gottlosigkeit und die weltlichen Begierden verleugnen und besonnen und gerecht und gottesfürchtig leben in der jetzigen Weltzeit****, indem wir die glückselige Hoffnung erwarten und die Erscheinung der Herrlichkeit des großen Gottes und unseres Retters Jesus Christus, der sich selbst für uns hingegeben hat, um uns von aller Gesetzlosigkeit zu erlösen und für sich selbst ein Volk zum besonderen Eigentum zu reinigen, das eifrig ist, gute Werke zu tun. (Titus 2, 11-14)*

Die wahre Gnade Gottes führt nicht zu Lockerheit, Gesetzlosigkeit und einem weltförmigen Leben. Die wahre Gnade Gottes ist für den, der sie erfahren hat, ein gewaltiger Ansporn, ab sofort dem

Gott, der ihm so viel Erbarmen und Vergebung geschenkt hat, eifrig zu dienen, gerne gehorsam zu sein und Ihn durch ein heiliges Leben zu ehren.

Es sind die Irrlehrer in der Christenheit, welche »*die Gnade unseres Gottes in Zügellosigkeit verkehren*« (Jud 1,4). Wir aber werden durch die Gnade Gottes angeleitet und diszipliniert, »*besonnen und gerecht und gottesfürchtig zu leben in der jetzigen Weltzeit*«.

Wir sind zur Freiheit berufen, aber wir werden die Freiheit nicht als Vorwand für unser Fleisch mißbrauchen (vgl. Gal 5,13); »*als Freie, und nicht als solche, die die Freiheit als Deckmantel für die Bosheit benutzen, sondern als Knechte (Sklaven) Gottes*« (1Pt 2,16).

Die Gottesfurcht prägt uns in allen Lebensbereichen

Unsere Gottesfurcht muß sich im praktischen Alltagsleben erweisen, wenn sie echt ist. Der Gottesfürchtige lebt so beständig wie möglich vor dem Angesicht Gottes und ist sich bewußt, daß Gott ihn sieht und daß er unter der liebenden, aber auch züchtigenden Hand seines himmlischen Vaters lebt.

Der Gottesfürchtige ist bestrebt, in allen Lebensbereichen zur Ehre und zum Wohlgefallen seines Retter-Gottes zu leben und alles zu meiden, was Gott entehrt oder betrübt. »*Wer in seiner Redlichkeit wandelt, der fürchtet den HERRN, wer aber verkehrte Wege geht, der verachtet ihn*« (Spr 14,2).

a) Gottesfurcht in Ehe und Familie

Die Gottesfurcht beginnt in diesem Bereich schon bei dem Weg, den ein junger Christ einschlägt, um ledig zu leben und gegebenenfalls einen gläubigen Ehepartner nach dem Willen Gottes zu finden.[6] Schon hier bedeutet Gottesfurcht, daß das Gotteskind auf

---

6 Vgl. zur Christusnachfolge für Mann und Frau die Bücher von R. Ebertshäuser: *Als Mann zur Ehre Gottes leben* (Steffisburg: Edition Nehemia 3. Aufl. 2015) und *Als Frau zur Ehre Gottes leben* (Steffisburg: Edition Nehemia 3. Aufl. 2014).

Eine christliche Ehe schließt im Normalfall Kinder ein, zumindest die Bereitschaft der Ehepartner, aus Gottes Hand die Kinder anzunehmen, die Gott ihnen schenken will, und für diese Kinder auch alle nötigen Opfer zu bringen.

Zugleich wissen gottesfürchtige Eltern, daß »ihre« Kinder nicht ihr Eigentum sind, sondern eine Leihgabe des Herrn, damit sie sie für den Herrn erziehen und ihnen ebenfalls Gottesfurcht und Treue vermitteln.

Ihr Frauen, ordnet euch euren Männern unter, wie sich's gebührt im Herrn! Ihr Männer, liebt eure Frauen und seid nicht bitter gegen sie! Ihr Kinder, seid gehorsam euren Eltern in allem, denn das ist dem Herrn wohlgefällig! Ihr Väter, reizt eure Kinder nicht [zum Zorn], damit sie nicht unwillig werden! (Kol 3,18-21)

Für Mann und Frau bedeutet Gottesfurcht auch *Keuschheit*, d. h. sittliche Reinheit und Anstand im Verhalten zu anderen, Verzicht auf unanständige Mode und teure Kleidung, sowie auch ein zurückhaltendes, reines Verhalten und Reden.

*Gleicherweise sollen auch die Frauen sich ihren eigenen Männern unterordnen, damit, wenn auch etliche sich weigern, dem Wort zu glauben, sie durch den Wandel der Frauen ohne Wort gewonnen werden, **wenn sie euren in Furcht keuschen Wandel ansehen**. Euer Schmuck soll nicht der äußerliche sein, Haarflechten und Anlegen von Goldgeschmeide oder Kleidung, sondern der verborgene Mensch des Herzens in dem unvergänglichen Schmuck eines sanften und stillen Geistes, der vor Gott sehr kostbar ist. (1Pt 3,1-4)*

Aber zur Gottesfurcht im eigenen Haus gehört es auch, daß wir für unsere Familienangehörigen und besonders unsere Eltern sorgen, statt sie ihrem Schicksal oder der Sozialhilfe zu überlassen:

*Wenn aber eine Witwe Kinder oder Enkel hat, so sollen diese zuerst lernen, **am eigenen Haus gottesfürchtig zu handeln** und den*

Eltern Empfangenes zu vergelten; denn das ist gut und angenehm vor Gott. (1Tim 5,4)

b) Gottesfurcht im Beruf

Gottes Wort hat erstaunlich viel über das Verhalten der Gotteskinder im Berufsleben zu sagen. Was damals für die Sklaven (leibeigenen Knechte und Mägde) galt, können wir ohne große Abstriche auch auf unsere heutige Situation übertragen.

Ein gottesfürchtiger Gläubiger wird allezeit gewissenhaft und fleißig, treu und verläßlich arbeiten – auch dann, wenn der Vorgesetzte es nicht kontrollieren kann, denn unser Herr sieht uns allezeit bei der Arbeit zu!

Weithin übliche Sünden wie Lästern über die Chefs oder Betrug bei der Arbeitszeit, »Mitgehenlassen« von Eigentum des Betriebes oder nachlässiges Arbeiten kommen für einen gottesfürchtigen Arbeitnehmer nicht in Frage. Er benimmt sich Kollegen und Chefs gegenüber respektvoll und gibt sein Bestes bei der Arbeit. Er beteiligt sich nicht an Streiks. Er betet für seinen Betrieb und verhält sich loyal in allen Dingen.

*Ihr Hausknechte, seid **in aller Furcht euren Herren untertan**, nicht nur den guten und milden, sondern auch den verkehrten! Denn das ist Gnade, wenn jemand aus Gewissenhaftigkeit gegenüber Gott Kränkungen erträgt, indem er zu Unrecht leidet. (1Pt 2,18-19)*

*Ihr Knechte, gehorcht euren leiblichen Herren in allen Dingen; nicht mit Augendienerei, um den Menschen zu gefallen, sondern in Einfalt des Herzens, **als solche, die Gott fürchten**. Und alles, was ihr tut, das tut von Herzen, als für den Herrn und nicht für Menschen, da ihr wißt, daß ihr von dem Herrn zum Lohn das Erbe empfangen werdet; denn ihr dient Christus, dem Herrn! Wer aber Unrecht tut, der wird empfangen, was er Unrechtes getan hat; und es gilt kein Ansehen der Person. (Kol 3,22-25)*

Ihr Knechte, ***gehorcht euren leiblichen Herren mit Furcht und Zittern, in Einfalt eures Herzens, als dem Christus;*** *nicht mit Augendienerei, um Menschen zu gefallen, sondern als Knechte des Christus, die den Willen Gottes von Herzen tun; dient mit gutem Willen dem Herrn und nicht den Menschen, da ihr wißt: Was ein jeder Gutes tun wird, das wird er von dem Herrn empfangen, er sei ein Sklave oder ein Freier. (Eph 6,5-8)*

Auch die gläubigen Chefs bekommen klare Anweisungen für ihr Verhalten gegenüber ihren Untergebenen; sie sollen sich bewußt machen, daß sie dem Herrn im Himmel dienen, der sie für alle schlechte Behandlung ihrer Arbeitnehmer zur Rechenschaft ziehen wird: *»Ihr Herren, gewährt euren Knechten das, was recht und billig ist, da ihr wißt, daß auch ihr einen Herrn im Himmel habt!«* (Kol 4,1; vgl. auch Eph 6,9).

c) Gottesfurcht in unserem Reden

Auch unser Reden sollte von Gottesfurcht geleitet und geprägt sein. Wie oft lassen wir gerade in unserem Reden dem Fleisch Raum und versündigen uns mit unseren Worten!

Der Gottesfürchtige ist sich der Tatsache bewußt, daß er einmal Rechenschaft geben muß über jedes Wort, das er geredet hat, wie unser Herr lehrte: *»Ich sage euch aber, daß die Menschen am Tag des Gerichts Rechenschaft geben müssen von jedem unnützen Wort, das sie geredet haben«* (Mt 12,36). Positiv ausgedrückt lehrt uns der Apostel Paulus: *»Euer Wort sei allezeit in Gnade, mit Salz gewürzt, damit ihr wißt, wie ihr jedem einzelnen antworten sollt«* (Kol 4,6).

Gerade in unserem Reden sollte man unsere Gottesfurcht erkennen können. Wir alle reden unwillkürlich besonnener und zuchtvoller, wenn eine hochgestellte oder moralisch vorbildliche Persönlichkeit im Raum ist, die wir schätzen – etwa unser oberster Chef oder ein Prediger oder Gemeindeältester.

Wieviel mehr sollten wir besonnen und zuchtvoll reden, wenn wir doch wissen, daß der lebendige Gott allezeit gegenwärtig ist und uns zuhört!

Denn wir alle verfehlen uns vielfach; wenn jemand sich im Wort nicht verfehlt, so ist er ein vollkommener Mann, fähig, auch den ganzen Leib im Zaum zu halten. (Jak 3,2)

***Kein schlechtes Wort soll aus eurem Mund kommen, sondern was gut ist zur Erbauung**, wo es nötig ist, damit es den Hörern Gnade bringe. Und betrübt nicht den Heiligen Geist Gottes, mit dem ihr versiegelt worden seid für den Tag der Erlösung! Alle Bitterkeit und Wut und Zorn und Geschrei und Lästerung sei von euch weggetan samt aller Bosheit. (Eph 4,29-31)*

***Unzucht aber und alle Unreinheit oder Habsucht soll nicht einmal bei euch erwähnt werden, wie es Heiligen geziemt; auch nicht Schändlichkeit und albernes Geschwätz oder Witzeleien, die sich nicht gehören, sondern vielmehr Danksagung.** (Eph 5,3-4)*

*In allem mache dich selbst zu einem Vorbild guter Werke. **In der Lehre erweise Unverfälschtheit, würdigen Ernst, Unverderbtheit, gesunde, untadelige Rede**, damit der Gegner beschämt wird, weil er nichts Schlechtes über euch sagen kann. (Tit 2,7-8)*

d) Gottesfurcht in unserem Alltag

Das Neue Testament ist voll von allgemeinen Anweisungen, wie gottesfürchtige Gläubige sich grundsätzlich im Alltag verhalten sollen, um ihrem Gott zu dienen und Ehre zu machen. Nur einige seien herausgegriffen:

*Geliebte, ich ermahne euch als Gäste und Fremdlinge: Enthaltet euch der fleischlichen Begierden, die gegen die Seele streiten; **und führt einen guten Wandel unter den Heiden**, damit sie da, wo sie euch als Übeltäter verleumden, doch aufgrund der guten Werke, die sie gesehen haben, Gott preisen am Tag der Untersuchung. (…) Erweist jedermann Achtung, liebt die Bruderschaft, fürchtet Gott, ehrt den König! (1Pt 2,11-17)*

Erinnere sie, ***daß sie sich den Regierenden und Obrigkeiten unterordnen und gehorsam sind, zu jedem guten Werk bereit; daß sie niemand verlästern, nicht streitsüchtig sind, sondern gütig, indem sie allen Menschen gegenüber alle Sanftmut erweisen.*** *(Tit 3,1-2)*

Ob ihr nun eßt oder trinkt oder sonst etwas tut – ***tut alles zur Ehre Gottes!*** *(1Kor 10,31)*

e) Gottesfurcht in der Gemeinde

Auch in der Gemeinde Gottes wird der Gläubige, der den Herrn fürchtet, sich besonnen und zuchtvoll verhalten und mit Ehrfurcht reden und handeln, weil in der Mitte der versammelten Gläubigen der heilige Gott selbst gegenwärtig ist. Die Gemeinde ist nach der Lehre des NT der Tempel und Wohnort Gottes und ist deshalb heiliger Boden.

So wie die Priester des AT gehalten waren, im Tempel jede Sünde und alles Gott Betrübende sorgsam zu meiden und sehr darauf zu achten, daß alles nach Gottes heiligen Ordnungen und Geboten zuging, so wird der Gottesfürchtige es auch im Tempel der neutestamentlichen Gemeinde halten: »*Deinem Haus geziemt Heiligkeit, o* HERR, *für alle Zeiten*« (Ps 93,5).

Dient dem* HERRN *mit Furcht *und frohlockt mit Zittern. (Ps 2,11)*

Ich aber darf durch deine große Gnade eingehen in dein Haus; ***ich will anbeten, zu deinem heiligen Tempel gewandt, in Ehrfurcht vor dir.*** *(Ps 5,8)*

Wie stimmt der Tempel Gottes mit Götzenbildern überein? ***Denn ihr seid ein Tempel des lebendigen Gottes,*** *wie Gott gesagt hat: »Ich will in ihnen wohnen und unter ihnen wandeln und will ihr Gott sein, und sie sollen mein Volk sein«. Darum geht hinaus von ihnen und sondert euch ab, spricht der Herr, und rührt nichts Unreines an! Und ich will euch aufnehmen, und ich will euch ein*

Vater sein, und ihr sollt mir Söhne und Töchter sein, spricht der Herr, der Allmächtige. ***Weil wir nun diese Verheißungen haben, Geliebte, so wollen wir uns reinigen von aller Befleckung des Fleisches und des Geistes zur Vollendung der Heiligkeit in Gottesfurcht!*** *(2Kor 6,16 – 7,1)*

Gottes Wort lehrt uns, daß die Heiligkeit der Wohnstätte Gottes es erfordert, sich von Sünde und allem Bösen abzusondern, nicht nur von der Unreinheit der Ungläubigen, von Heidentum und Götzendienst (und damit auch von allem Namenschristentum), sondern auch von Sünde und Irrlehre unter Gläubigen.

Selbstverständlich bedeutet das auch, daß wir uns vor Verleumdung und Klatsch, vor Unvergebenheit, Neid und Streit unter den Glaubensgeschwistern hüten sollten.

Wißt ihr nicht, daß ihr Gottes Tempel seid, und daß der Geist Gottes in euch wohnt? *Wenn jemand den Tempel Gottes verderbt, den wird Gott verderben; denn der Tempel Gottes ist heilig, und der seid ihr. (1Kor 3,16-17)*

Euer Rühmen ist nicht gut! Wißt ihr nicht, daß ein wenig Sauerteig den ganzen Teig durchsäuert? Darum fegt den alten Sauerteig aus, damit ihr ein neuer Teig seid, da ihr ja ungesäuert seid! Denn unser Passahlamm ist ja für uns geschlachtet worden: Christus. ***So wollen wir denn nicht mit altem Sauerteig Fest feiern, auch nicht mit Sauerteig der Bosheit und Schlechtigkeit, sondern mit ungesäuerten Broten der Lauterkeit und Wahrheit.*** *(1Kor 5,6-8)*

Die Heiligkeit des Tempels der Gemeinde erfordert es auch, wie beim alttestamentlichen Vorbild die göttlichen Ordnungen treu einzuhalten, die Gott für den Priesterdienst der Gläubigen gegeben hat – auch dort, wo diese, wie in der Frage der Stellung der Frau, heute als »veraltet« abgetan werden.

Denn Gott ist nicht ein Gott der Unordnung, sondern des Friedens, wie in allen Gemeinden der Heiligen. Eure Frauen sollen in den Gemeinden schweigen; denn es ist ihnen nicht gestattet zu reden, sondern sie sollen sich unterordnen, wie es auch das Gesetz sagt. Wenn sie aber etwas lernen wollen, so sollen sie daheim ihre eigenen Männer fragen; denn es ist für Frauen schändlich, in der Gemeinde zu reden. Oder ist von euch das Wort Gottes ausgegangen? Oder ist es zu euch allein gekommen? ***Wenn jemand glaubt, ein Prophet zu sein oder geistlich, der erkenne, daß die Dinge, die ich euch schreibe, Gebote des Herrn sind. (…) Laßt alles anständig und ordentlich zugehen!*** *(1Kor 14,33-40)*

Ebenso [will ich] auch, daß sich die Frauen in ehrbarem Anstand mit Schamhaftigkeit und Zucht schmücken, nicht mit Haarflechten oder Gold oder Perlen oder aufwendiger Kleidung, sondern durch gute Werke, wie es sich für Frauen geziemt, die sich zur Gottesfurcht bekennen. Eine Frau soll in der Stille lernen, in aller Unterordnung. ***Ich erlaube aber einer Frau nicht, zu lehren, auch nicht, daß sie über den Mann herrscht, sondern sie soll sich still verhalten.*** *Denn Adam wurde zuerst gebildet, danach Eva. (1Tim 2,9-13)*

Der Gottesfürchtige erkennt auch an, was heute zahllose »moderne« Christen achselzuckend mißachten – nämlich, daß der heilige Gott auch heute noch in Seiner Gemeinde Gericht übt, wenn man Seine Ordnungen mißachtet. Er fürchtet sich vor solcher Mißachtung, während die Gesetzlosen dies dreist tun und noch andere dazu anstiften.

Denn die Zeit ist da, daß das Gericht beginnt beim Haus Gottes; *wenn aber zuerst bei uns, wie wird das Ende derer sein, die sich weigern, dem Evangelium Gottes zu glauben? Und wenn der Gerechte [nur] mit Not gerettet wird, wo wird sich der Gottlose und Sünder wiederfinden? (1Pt 4,17-18)*

Deshalb sind unter euch viele Schwache und Kranke, und eine beträchtliche Zahl sind entschlafen. Denn wenn wir uns selbst richteten, würden wir nicht gerichtet werden; ***wenn wir aber***

> ***gerichtet werden, so werden wir vom Herrn gezüchtigt,*** *damit wir nicht samt der Welt verurteilt werden. (1Kor 11,30-32)*

Die Ehrfurcht vor Gott in der Gemeinde äußert sich auch in unserem Verhalten während der Gemeindeversammlungen. Heutzutage legen viele Christen ein betont lässiges, ichhaftes Verhalten in der Gegenwart Gottes an den Tag.

Manche erscheinen vor dem Herrn in zuchtloser Strandkluft, Männer mit kurzen Hosen oder »Muskelshirts«, Frauen mit Spaghetti-Trägern und Miniröcken. Man scheut sich nicht, sein Fleisch zur Schau zu stellen und sich aufreizend und provozierend zu kleiden, wenn sich die Heiligen zum Priesterdienst versammeln. Manche beten heute sogar mit Händen in den Hosentaschen. Solche Ehrfurchtslosigkeit ist vor einem heiligen Gott völlig fehl am Platz!

V. In der Schule der Gottesfurcht

Die Furcht des HERRN ist der Anfang der Weisheit;
sie macht alle einsichtig, die sie befolgen.
(Ps 111,10)

Die Furcht des HERRN ist die Schule der Weisheit,
und der Ehre geht Demut voraus.
(Spr 15,33)

Die Bibel zeigt uns im Alten Testament wie im Neuen Testament, daß die Furcht des HERRN eine wichtige, erstrebenswerte geistliche Tugend für jeden Gläubigen ist. Wir werden geradezu aufgefordert, nach der Gottesfurcht zu trachten und sie zu erwerben: »*Trachte allezeit eifrig nach der Furcht des HERRN!*« (Spr 23,17). Wie können wir das tun?

Einerseits ist klar, daß die Gottesfurcht eine Eigenschaft ist, die der Heilige Geist in das Kind Gottes gelegt hat; wir haben Gottesfurcht nicht von Natur aus. Und doch können Gläubige in ihrem Leben ganz unterschiedlich wandeln, und das kann entweder zur Schwächung oder zur Stärkung der Gottesfurcht führen. Deshalb gibt es eine *göttliche Schule der Gottesfurcht.*

> *So erkenne nun in deinem Herzen, daß der HERR, dein Gott, dich erzieht, wie ein Mann seinen Sohn erzieht. Und bewahre die Gebote des HERRN, deines Gottes, daß du in seinen Wegen wandelst und ihn fürchtest! (5Mo 8,5-6)*

Unser himmlischer Vater ist bestrebt, in uns die Gottesfurcht zu mehren und uns in dieser Tugend wachsen zu lassen; wenn wir aber unserem Fleisch nachgeben oder uns in eine gottlose, schlechte Gemeinschaft begeben (zum Beispiel in modernen Gemeinden, die der Gottesfurcht feind sind), dann kann diese Eigenschaft bei uns auch zurückgehen und Schaden nehmen.

So sollten wir in dieser Hinsicht uns selbst prüfen und *acht haben auf uns selbst*, wie uns das Gottes Wort immer wieder nahelegt (vgl. Mk 13,9; Lk 21,34; Apg 20,28; Gal 6,1; 1Tim 4,16). Wir alle haben wohl in größerem oder geringerem Ausmaß Mangel an Gottesfurcht. Das gehört zu den geistlichen Nöten unserer letzten Zeit; dieser Mangel ist zumindest unter den Gläubigen des reichen Westens ziemlich weit verbreitet.

Unser himmlischer Vater weiß das und möchte uns vertiefte Gottesfurcht schenken, sie in uns wirken durch Seinen Geist. Dafür muß uns aber unser Mangel bewußt sein, und wir müssen bereit sein, Gott um Veränderung und Umgestaltung zu bitten.

Wir brauchen also eine nüchterne Selbstprüfung im Licht Gottes; wir sollten unseren Mangel demütig vor dem Herrn bekennen. Dazu sind nicht zuletzt auch diese Zeilen geschrieben worden.

Und dann dürfen wir unseren gnädigen Gott suchen und Ihn ernstlich bitten, uns zu verändern und zu erwecken, uns die rechte Gottesfurcht, Heiligung und Hingabe zu geben, die wir aus uns selbst nicht hervorbringen können. Dazu ist Er gerne bereit; Er ist ein Gott, der *»allen gern und ohne Vorwurf gibt«* (Jak 1,5). Er will ins uns das wirken, was vor Ihm wohlgefällig ist, durch Jesus Christus (Hebr 13,21). So dürfen wir Ihn in dieser Frage suchen entsprechend Seinen Verheißungen:

> *O HERR, höre meine Stimme, wenn ich rufe; sei mir gnädig und antworte mir! Mein Herz hält dir vor dein Wort: »Sucht mein Angesicht!« Dein Angesicht, o HERR, will ich suchen. (Ps 27,7-8)*

> *Denn ich weiß, was für Gedanken ich über euch habe, spricht der HERR, Gedanken des Friedens und nicht des Unheils, um euch eine Zukunft und eine Hoffnung zu geben. Und ihr werdet mich anrufen und hingehen und zu mir flehen, und ich will euch erhören; ja, ihr werdet mich suchen und finden, wenn ihr von ganzem Herzen nach mir verlangen werdet; und ich werde mich von euch finden lassen, spricht der HERR. (Jer 29,11-14)*

Zugleich sollten wir auch die Bibel erforschen mit der Frage im Herzen: Wie können wir in der Gottesfurcht wachsen, uns in ihr üben, an Gottesfurcht zunehmen? Gottes Wort gibt uns da einige Hinweise und Hilfen, die wir gar nicht alle genauer behandeln können; einige wichtige Aussagen aus dem AT wie auch aus dem NT wollen wir jedoch näher betrachten.

1. Unterweisung in der Gottesfurcht: das Buch der Sprüche

Im Buch der Sprüche finden wir wertvolle Anweisungen auch für Gläubige in Christus, besonders für jüngere; dabei steht die geistgewirkte *Weisheit* und *Erkenntnis* im Mittelpunkt. Sie wird uns in Verbindung mit Zucht und Selbstbeherrschung als wichtige geistliche Tugend vor Augen gestellt, und immer wieder wird der Erwerb von Weisheit und Erkenntnis verknüpft mit der *Furcht des Herrn*. So beginnt schon das erste Kapitel des Buches der Sprüche:

> *[Dies sind die] Sprüche Salomos, des Sohnes Davids, des Königs von Israel, die dazu dienen, daß man Weisheit und Unterweisung erkenne und verständige Reden verstehe,* ***daß man Unterweisung empfange, die einsichtig macht****, Gerechtigkeit, Recht und Aufrichtigkeit; damit den Unverständigen Klugheit verliehen werde, den jungen Männern Erkenntnis und Besonnenheit.* ***Wer weise ist, der hört darauf und vermehrt seine Kenntnisse, und wer verständig ist, eignet sich weise Lebensführung an****, damit er den Spruch und die bildliche Rede verstehe, die Worte der Weisen und ihre Rätsel.*
>
> ***Die Furcht des Herrn ist der Anfang der Erkenntnis; nur Toren verachten Weisheit und Zucht! Höre, mein Sohn, auf die Unterweisung deines Vaters, und verwirf nicht die Lehre deiner Mutter!*** *Denn sie sind ein schöner Kranz für dein Haupt und ein Schmuck um deinen Hals. (Spr 1,1-9)*

Es ist bedeutsam und durchaus kein Zufall, daß hier die Furcht des HERRN direkt verbunden wird mit der *Ehrfurcht vor den Eltern und dem Gehorsam gegenüber ihren Lehren.* Die erste menschliche Prägung eines Kindes zur Gottesfurcht besteht tatsächlich darin, daß das Kind lernt, Vater und Mutter zu respektieren und zu ehren und ihnen gehorsam zu sein. »*Ihr sollt jeder Ehrfurcht vor seiner Mutter und seinem Vater haben*« (3Mo 19,3).

Im Neuen Testament wird der Zusammenhang zwischen Ehrfurcht vor dem irdischen und Ehrfurcht vor dem himmlischen Vater ganz direkt angesprochen: »*Zudem hatten wir ja unsere leiblichen Väter als Erzieher und scheuten uns vor ihnen; sollten wir uns da nicht vielmehr dem Vater der Geister unterwerfen und leben?*« (Hebr 12,9).

So ist es der Ratschluß Gottes, daß den Kindern Ehrfurcht vor ihren Eltern eingeprägt wird und die Kinder sich den Eltern unterordnen; ohne dieses Fundament ist es nur schwer möglich, daß Menschen später zur Gottesfurcht kommen, abgesehen davon, daß das auch das Fundament aller gesellschaftlichen Ordnung ist.

Der Teufel weiß dies ganz genau und versucht gerade in der gegenwärtigen Endzeit, den Respekt und Gehorsam den Eltern gegenüber bei jungen Menschen möglichst gründlich zu zerstören und sie in Rebellion und Besserwisserei gegenüber ihren Eltern gefangenzuhalten.

Gottes Plan besteht offenkundig darin, daß ein Kind und heranwachsender junger Mensch Ehrfurcht und Respekt in der Beziehung zu seinem Vater und seiner Mutter praktiziert. Darin lernt das Kind, seinen Eigenwillen unterzuordnen und zu respektieren, daß es eine übergeordnete Autorität in seinem Leben gibt, die seine Lebensumstände bestimmt und Weisungsbefugnis über ihn hat.

Wenn er dann über die Eltern auch von dem lebendigen Gott erfährt, der sein Schöpfer und Erhalter ist und zugleich der allmächtige Regent des Universums, dann kann der erlernte Respekt vor den Eltern sozusagen das Modell für die Ehrfurcht vor Gott und für die Unterordnung unter Ihn sein. Der junge Mensch lernt die Furcht des Herrn im Prinzip am besten durch die Unterweisung seiner gottesfürchtigen Eltern. Natürlich muß dann auch noch das Wirken des Wortes Gottes und des Heiligen Geistes am Herzen des jungen Menschen dazukommen, aber es ist zumindest schon einmal eine gute Spur gebahnt.

Wenn wir merken, daß wir hier unseren Eltern gegenüber versagt und gesündigt haben – und wer müßte dies nicht heutzutage von sich bekennen? –, dann ist es sehr wichtig, darüber gründlich Buße zu tun, diese Sünden vor Gott und den Menschen zu bekennen und den Herrn um Herzenserneuerung zu bitten, damit die Furcht des Herrn unser Herz in der rechten Weise prägen und erfüllen kann.

Und wenn wir keine gottesfürchtigen Eltern hatten und in der Kindheit eine ganz falsche Prägung bekamen, dann dürfen wir den Herrn bitten, daß Er uns umgestaltet und diesen kostbaren Wesenszug in uns hineinlegt und wachsen läßt. Gottes Gnade vermag das Alte zu überwinden und Neues zu schaffen!

Die Gottesfurcht wächst durch das Forschen in Gottes Wort

Doch in der Schule der Gottesfurcht muß zu dieser erzieherischen Prägung der Eltern auch das eigene Verlangen des Menschen hinzukommen, durch das Studium der Heiligen Schriften den wahren Gott zu erkennen und Seine guten und vollkommenen Wege zu erlernen.

Deshalb finden wir im Buch der Sprüche immer wieder die Aufforderung, in einer Grundhaltung der Gottesfurcht betend das Wort Gottes zu erforschen, um daraus zu erkennen, wer Gott ist und welches Seine Wege für die Menschen in einer gefallenen und bösen Welt sind. Wer diese geistliche Weisheit und Erkenntnis erstrebt, den kann Gott weiterführen und segnen, wie Er durch Salomo spricht:

> ***Mein Sohn, wenn du meine Worte annimmst und meine Gebote bei dir bewahrst,*** *so daß du der Weisheit dein Ohr leihst*

und dein Herz der Einsicht zuwendest; wenn du um Verständnis betest und um Einsicht flehst, wenn du sie suchst wie Silber und nach ihr forschst wie nach Schätzen, ***dann wirst du die Furcht des HERRN verstehen und die Erkenntnis Gottes erlangen.*** *Denn der HERR gibt Weisheit, aus seinem Mund kommen Erkenntnis und Einsicht. Er hält für die Aufrichtigen Gelingen bereit und beschirmt, die in Lauterkeit wandeln; er bewahrt die Pfade des Rechts, und er behütet den Weg seiner Getreuen. (Spr 2,1-8)*

Das Buch der Sprüche selbst ist eine besondere Unterweisung in lebenspraktischer Gottesfurcht, und wenn wir in der Furcht des HERRN zunehmen wollen, dann sollten wir dieses Buch eifrig erforschen und darüber nachsinnen; es ist die liebende Unterweisung unseres himmlischen Vaters für ein Leben in praktischer Heiligung und Gottesfurcht in den verschiedensten Lebensbereichen.

Mein Sohn, vergiß meine Lehre nicht, und dein Herz bewahre meine Gebote! *Denn sie werden dir Verlängerung der Tage und Jahre des Lebens und viel Frieden bringen. Gnade und Wahrheit werden dich nicht verlassen! Binde sie um deinen Hals, schreibe sie auf die Tafel deines Herzens, so wirst du Gunst und Wohlgefallen erlangen in den Augen Gottes und der Menschen.*

Vertraue auf den HERRN von ganzem Herzen und verlaß dich nicht auf deinen Verstand; erkenne Ihn auf allen deinen Wegen, so wird Er deine Pfade ebnen. ***Halte dich nicht selbst für weise; fürchte den HERRN und weiche vom Bösen!*** *Das wird deinem Leib Heilung bringen und deine Gebeine erquicken! Ehre den HERRN mit deinem Besitz und mit den Erstlingen all deines Einkommens, so werden sich deine Scheunen mit Überfluß füllen und deine Keltern von Most überlaufen.*

Wer den Herrn fürchtet, der erkennt auch, wie gefährlich es für ihn ist, wenn er den Eingebungen seines Fleisches, den Impulsen seiner Gelüste und Gedanken folgt (vgl. Eph 2,3; Tit 3,3). Er merkt, welche schlimmen Konsequenzen es unweigerlich hat, wenn man den verderblichen und sündigen Begierden nachgibt, die in uns wohnen.

Deshalb sucht der Gottesfürchtige nach göttlicher Wegweisung, aber auch nach Besonnenheit, Zucht und Disziplin (vgl u. a. 2Tim 1,7; Tit 2,2-6.12; 1Pt 4,7), um die sündigen Impulse zu überwinden und Gottes Willen zu erfüllen. Das bezeugen uns nicht nur die Sprüche; auch Hiob, die Psalmen und das Buch Prediger gehören zu den Bibelbüchern, die uns viel über die Furcht des HERRN zu sagen haben:

> *Laßt uns die Summe aller Lehre hören: Fürchte Gott und halte seine Gebote; denn das macht den ganzen Menschen aus. (Pred 12,13)*

> *Weise mir, HERR, deinen Weg, damit ich wandle in deiner Wahrheit; richte mein Herz auf das Eine, daß ich deinen Namen fürchte! (Ps 86,11)*

Wenn wir unseren himmlischen Vater ernstlich bitten, uns zu unterweisen und zu erziehen, sodaß wir mehr und mehr Gottesfurcht und Erkenntnis Seiner selbst wie auch Seiner Wege erlangen, dann wird Er uns das gnädig schenken, und wir werden auch die kostbaren Früchte und Verheißungen der Gottesfurcht in unserem Leben ernten. Das setzt voraus, daß wir Ja sagen zu Gottes erzieherischen Wegen mit uns:

> ***Mein Sohn, verwirf nicht die Züchtigung des HERRN und sei nicht unwillig über seine Zurechtweisung; denn wen der HERR liebt, den züchtigt er, wie ein Vater den Sohn, an dem er Wohlgefallen hat.*** *Wohl dem Menschen, der Weisheit findet, dem Menschen, der Einsicht erlangt! Denn ihr Erwerb ist besser als Gelderwerb, und ihr Gewinn ist mehr wert als feines Gold. Sie ist kostbarer als Perlen, und alle deine Schätze sind ihr nicht zu vergleichen. (Spr 3,1-15)*

2. Übe dich in der Gottesfurcht! Die Lehren des Neuen Testaments

Im Neuen Testament werden diese wichtigen Unterweisungen ergänzt und weitergeführt, und das besonders in den abschließenden Briefen des Apostels Paulus wie auch des Apostels Petrus. Dort finden wir besonders oft die Begriffe der Gottesfurcht (*eusebeia* oder *phobos theou*). So lehrt der Apostel Paulus seinen jungen Mitarbeiter Timotheus:

> *Wenn du dies den Brüdern vor Augen stellst, wirst du ein guter Diener Jesu Christi sein, der sich nährt mit den Worten des Glaubens und der guten Lehre, der du nachgefolgt bist. Die unheiligen Altweiberlegenden aber weise ab;* ***dagegen übe dich in der Gottesfurcht!*** *Denn die leibliche Übung nützt wenig,* ***die Gottesfurcht aber ist für alles nützlich****, da sie die Verheißung für dieses und für das zukünftige Leben hat. (1Tim 4,6-8)*

Der Apostel gebraucht hier das Wort, das im Griechischen für sportliche Übung verwendet wurde (*gymnazō*; daher stammt z. B. das Fremdwort »Gymnastik«).

Man könnte hier also durchaus sagen: Trainiere dich beständig in der Gottesfurcht, übe dich immer wieder in der rechten Gottesverehrung, in einem Leben der Heiligung und Frömmigkeit; lerne durch andauernde Praxis immer besser, was es bedeutet, den Herrn zu fürchten und gottesfürchtig zu leben!

Wie wir in der Gottesfurcht zunehmen können

Dazu gehört immer auch das Erforschen der Bibel und das Nachsinnen über die Lehren, die sie in bezug auf Gott und die Gottesfurcht gibt; aber es gehört dazu auch die beständige Praxis der Gottesfurcht in allen Lebensbereichen, das Bestreben, aus Fehlern und Niederlagen zu lernen und seinen Wandel immer mehr auf Gottes Weg und Willen auszurichten.

Die leibliche Übung (körperliche Disziplin) hat nur begrenzten Nutzen, aber der Nutzen einer Herzenshaltung der Gottesfurcht sowie eines gottesfürchtigen Wandels ist unbegrenzt und erstreckt sich auf alle Aspekte unseres Lebens.

Gott wird den Gottesfürchtigen umfassend segnen und belohnen; das haben wir schon im vorhergehenden Abschnitt gesehen. Die Gottesfurcht gibt dem Leben eines Gotteskindes eine umfassende gesunde Ausrichtung; sie sichert ihm den Segen und Beistand Gottes in allen Lebensbereichen, und deshalb ist es so wichtig, nach ihr zu streben.

Der Satan weiß das auch, und deshalb bemüht er sich, durch falsche Lehren und Verführungsströmungen die Gottesfurcht der Kinder Gottes zu zerstören oder zu korrumpieren. Davor warnt der Apostel Paulus ernst im 1. Timotheusbrief:

> *Wenn jemand fremde Lehren verbreitet und nicht die gesunden Worte unseres Herrn Jesus Christus annimmt* ***und die Lehre, die der Gottesfurcht entspricht****, so ist er aufgeblasen und versteht doch nichts, sondern krankt an Streitfragen und Wortgefechten, woraus Neid, Zwietracht, Lästerung, böse Verdächtigungen entstehen, unnütze Streitgespräche von Menschen, die eine verdorbene Gesinnung haben und der Wahrheit beraubt sind und meinen, die Gottesfurcht sei ein Mittel zur Bereicherung – von solchen halte dich fern! (1Tim 6,3-5)*

Hier wird uns etwas ganz Wichtiges gesagt. Die Gottesfurcht ist in gewisser Weise ein Maßstab und Prüfstein für jegliche Lehre. Gesunde Lehre entspricht der Gottesfurcht, ist von ihr geprägt und durchdrungen. Wenn eine Lehre die Gottfurcht mißachtet oder untergräbt, kann sie nicht gut und gottgewirkt sein. Manchmal können wir das Verkehrte einer Lehre nicht im Einzelnen durchschauen, aber wenn sie nicht der Gottesfurcht entspricht, sollten wir sie auf jeden Fall meiden.

Gottesfurcht steht auch im unversöhnlichen Gegensatz zu allem Streben nach irdischem Gewinn und diesseitiger Selbstverwirklichung. Sie bedeutet letztlich Ausrichtung auf den Himmel, wo unser Gott thront, und auf die Belohnung in der künftigen Herrlichkeit. Das Streben nach Reichtum und den Gütern und Schätzen dieser Welt ist von jeher eine ernstliche Bedrohung für die Gottesfurcht gewesen. Daher lesen wir die Warnung des Apostels:

> ***Es ist allerdings die Gottesfurcht eine große Bereicherung, wenn sie mit Genügsamkeit verbunden wird.*** *Denn wir haben nichts in die Welt hineingebracht, und es ist klar, daß wir auch nichts hinausbringen können. Wenn wir aber Nahrung und Kleidung haben, soll uns das genügen! Denn die, welche reich werden wollen, fallen in Versuchung und Fallstricke und viele törichte und schädliche Begierden, welche die Menschen in Untergang und Verderben stürzen.* ***Denn die Geldgier ist eine Wurzel alles Bösen; etliche, die sich ihr hingegeben haben, sind vom Glauben abgeirrt und haben sich selbst viel Schmerzen verursacht.*** *(1Tim 6,6-10)*

Deshalb sollen alle wahren Kinder Gottes sich vor jeglicher irdischen Gesinnung hüten (Phil 3,18-20) und vor dem Streben nach schändlichem Gewinn. Sie sollen stattdessen der Gottesfurcht nachjagen und anderen geistlichen Gütern, die Ewigkeitsfrucht bringen. Die Furcht des Herrn soll unser Schatz sein (vgl. Jes 33,6).

> *Du aber, o Mensch Gottes, fliehe diese Dinge,* ***jage aber nach*** *Gerechtigkeit,* **Gottesfurcht**, *Glauben, Liebe, Geduld, Sanftmut! (1Tim 6,11)*

»Nachjagen«, das bedeutet: etwas unter Einsatz aller Kräfte und des ganzen Lebens erstreben und nicht ruhen, bis wir es erlangt haben! Wie weit sind wir davon oft entfernt!

Wie nachlässig und halbherzig strecken wir uns nach geistlichen Tugenden aus, obgleich wir sie mit ganzem Einsatz erstreben sollten! Wieviel größer ist unsere Energie und Ausdauer oftmals, wenn wir nach irdischen Dingen streben! Welches Ziel ist uns vor

Augen? Wir alle sollten den Apostel Paulus nachahmen, der bekannte:

> *Nicht daß ich es schon erlangt hätte oder schon vollendet wäre; ich jage aber danach, daß ich das auch ergreife, wofür ich von Christus Jesus ergriffen worden bin. Brüder, ich halte mich selbst nicht dafür, daß ich es ergriffen habe; eines aber [tue ich]:* ***Ich vergesse, was dahinten ist, und strecke mich aus nach dem, was vor mir liegt, und jage auf das Ziel zu, den Kampfpreis der himmlischen Berufung Gottes in Christus Jesus.*** *Laßt uns alle, die wir gereift sind, so gesinnt sein; und wenn ihr über etwas anders denkt, so wird euch Gott auch das offenbaren. (Phil 3,12-15)*

Die Bedeutung der Gottesfurcht im Zusammenwirken mit anderen Tugenden für unser geistliches Wachstum

Hier führt uns die Lehre des Apostels Petrus im 1. Kapitel des 2. Petrusbriefs weiter. Dort zeigt er uns zunächst, daß die Gnade Gottes uns alles gegeben hat, was wir zum Leben und Wandel in Gottesfurcht benötigen:

> *Da seine göttliche Kraft uns alles geschenkt hat, was zum Leben und [zum Wandel in] Gottesfurcht dient, durch die Erkenntnis dessen, der uns berufen hat durch [seine] Herrlichkeit und Tugend, durch welche er uns die überaus großen und kostbaren Verheißungen gegeben hat, damit ihr durch dieselben göttlicher Natur teilhaftig werdet, nachdem ihr dem Verderben entflohen seid, das durch die Begierde in der Welt herrscht, (2Pt 1,3-4)*

Aber das Gnadengeschenk Gottes darf uns nicht träge und faul machen, sondern soll uns erst recht anspornen, unsererseits mit Eifer und ganzer Hingabe danach zu streben, daß diese Gnade Gottes bei uns nicht vergeblich ist, sondern reiche Frucht bringt.

Dazu müssen wir bewußt bestimmte geistliche Tugenden bei uns entwickeln und fördern, die letztlich Gottes Geist in uns wirkt, die aber nicht ohne unser aktives Zutun zur Entfaltung kommen. Zu diesen Tugenden gehört auch die Gottesfurcht:

> *... so setzt eben deshalb allen Eifer daran und reicht in eurem Glauben die Tugend dar, in der Tugend aber die Erkenntnis, in der Erkenntnis aber die Selbstbeherrschung, in der Selbstbeherrschung aber das standhafte Ausharren, im standhaften Ausharren aber die* ***Gottesfurcht,*** *in der* ***Gottesfurcht*** *aber die Bruderliebe, in der Bruderliebe aber die Liebe.* ***Denn wenn diese Dinge bei euch vorhanden sind und zunehmen, so lassen sie euch nicht träge noch unfruchtbar sein für die Erkenntnis unseres Herrn Jesus Christus.*** *(2Pt 1,5-8)*

Wenn wir nicht geistlich vorangehen und in einem gesunden, ausgewogenen Maß diese Tugenden in unserem Leben fördern und praktizieren, dann gerät unser geistliches Leben in Stagnation und krankhafte Entwicklungen, und wir können nicht die Frucht für Gott bringen, die Er haben möchte. [7]

Wenn wir uns aber in der Gottesfurcht und den anderen geistlichen Tugenden üben und darin wachsen, dann hat das segensreiche Auswirkungen für uns:

> *Wem dagegen diese Dinge fehlen, der ist blind und kurzsichtig und hat die Reinigung von seinen früheren Sünden vergessen. Darum, Brüder,* ***seid um so eifriger bestrebt,*** *eure Berufung und Auserwählung fest zu machen; denn wenn ihr diese Dinge tut, werdet ihr niemals zu Fall kommen; denn auf diese Weise wird euch der Eingang in das ewige Reich unseres Herrn und Retters Jesus Christus reichlich gewährt werden. (2Pt 1,9-11)*

In der Schule der Gottesfurcht haben wir nie ausgelernt, solange wir hier auf Erden leben. Wir sollten daher unseren himmlischen

---

7 Zum Thema geistliches Wachstum und Reifung im Glaubensleben vgl. R. Ebertshäuser, *Auf dem Weg zur geistlichen Reife. Biblische Hilfen für unser geistliches Wachstum* (Steffisburg: Edition Nehemia 2010).

Vater immer wieder bitten, daß Er uns unterweist und durch allerlei Lebensführungen darin übt, in der Furcht des Herrn zu wachsen und zuzunehmen.

Wir dürfen Ihn bitten, daß Er uns bewahrt vor den vergiftenden Einflüssen der Leichtfertigkeit, Ichhaftigkeit und Gesetzlosigkeit, die um uns herum überhandnehmen. Wir dürfen Ihn bitten, daß Er Sein lebendiges und kräftiges Wort an uns wirken läßt, um die Ehrfurcht vor Ihm immer tiefer in unser Herz einzuprägen. »*Treu ist er, der euch beruft; er wird es auch tun*« (1Thess 5,24).

3. Die Unterweisung der jüngeren Generation in der Furcht des Herrn

Eine große Herausforderung für gottesfürchtige Gläubige ist heute die Weitergabe der Furcht des Herrn an die jüngere Generation. Das wird zunehmend schwieriger, sowohl im Rahmen der Familien als auch im Rahmen der Gemeinden, denn die Einflüsse des gottlosen Zeitgeistes und der verweltlichten Christenheit sind auch sehr stark bei Kindern und Jugendlichen aus christlichen Familien spürbar.

Unsere Kinder in der Furcht des Herrn erziehen

Es ist klar, daß wir unseren Kindern weder Gottesfurcht noch Glauben »anerziehen« können; letztlich wird beides von Gottes Geist gewirkt und kann nicht von Menschen erzeugt werden. Dennoch haben wir den Auftrag der Erziehung unserer Kinder zum Glauben und damit auch zur Gottesfurcht. Das wird schon an Gottes Aussage über Abraham deutlich:

> *Denn ich habe ihn ersehen,* ***daß er seinen Kindern und seinem Haus nach ihm gebiete, den Weg des HERRN zu bewahren****, indem sie Gerechtigkeit und Recht üben, damit der*

Herr auf Abraham kommen lasse, was er ihm verheißen hat. (1Mo 18,19)

Im 5. Buch Mose wird dieser göttliche Erziehungsauftrag an der jüngeren Generation recht ausführlich behandelt; zwei Bibelstellen wollen wir hier anführen:

> *Höre Israel, der Herr ist unser Gott, der Herr allein! Und du sollst den Herrn, deinen Gott, lieben mit deinem ganzen Herzen und mit deiner ganzen Seele und mit deiner ganzen Kraft.* ***Und diese Worte, die ich dir heute gebiete, sollst du auf dem Herzen tragen, und du sollst sie deinen Kindern einschärfen und davon reden,*** *wenn du in deinem Haus sitzt oder auf dem Weg gehst, wenn du dich niederlegst und wenn du aufstehst; und du sollst sie zum Zeichen auf deine Hand binden, und sie sollen dir zum Erinnerungszeichen über den Augen sein; und du sollst sie auf die Pfosten deines Hauses und an deine Tore schreiben. (5Mo 6,4-9)*

> ***Wenn dich nun dein Sohn in Zukunft fragen und sagen wird: Was sind das für Zeugnisse, Satzungen und Rechtsbestimmungen, die euch der Herr, unser Gott, geboten hat?, so sollst du deinem Sohn sagen:*** *Wir waren Knechte des Pharao in Ägypten, und der Herr führte uns mit starker Hand aus Ägypten; und der Herr tat vor unseren Augen große und furchterregende Zeichen und Wunder in Ägypten, an dem Pharao und an seinem ganzen Haus. Uns aber führte er von dort heraus, um uns hierher zu bringen und uns das Land zu geben, das er unseren Vätern zugeschworen hat.* ***Und der Herr hat uns geboten, alle diese Satzungen zu halten, daß wir den Herrn, unseren Gott, fürchten und es uns gut geht alle Tage und er uns am Leben erhält, wie es heute der Fall ist.*** *Und es wird uns zur Gerechtigkeit dienen, wenn wir darauf achten, alle diese Gebote vor dem Herrn, unserem Gott, zu tun, wie er es uns geboten hat. (5Mo 6,20-25)*

Im Neuen Testament haben wir diesen Erziehungsauftrag ebenfalls klar ausgesprochen:

Und ihr Väter, reizt eure Kinder nicht zum Zorn, ***sondern zieht sie auf in der Zucht und Ermahnung des Herrn.*** *(Eph 6,4)*

Wir wollen nur kurz andeuten, was das beinhaltet. Zum einen ist das *Vorbild der Eltern* ganz entscheidend. Die wichtigste Art, wie wir Gottesfurcht anderen vermitteln können, ist durch ein gottesfürchtiges Leben. Das gilt ganz besonders für unsere Kinder.

Ähnliches gilt in der Gemeinde; wenn die Kinder und Jugendlichen sehen, daß die erwachsenen Gläubigen gottesfürchtig leben, werden sie am ehesten selbst offen sein für die Furcht des Herrn. Die Wichtigkeit des Vorbildes der Eltern deutet die Äußerung des Apostels Paulus über die Kindheit des Timotheus an:

Dabei halte ich die Erinnerung an deinen ungeheuchelten Glauben fest, der zuvor in deiner Großmutter Lois und deiner Mutter Eunike gewohnt hat, ich bin aber überzeugt, auch in dir. (2Tim 1,5)

Es ist aber auch wichtig, die Kinder *durch Gottes Wort so zu lehren, daß sie die Furcht des Herrn verstehen.* Das betrifft die Lehre über das heilige, ehrfurchtgebietende Wesen Gottes ebenso wie unsere Haltung gegenüber Sünde, gegenüber dem Treiben dieser Welt, gegenüber Autorität usw. Die prägende Kraft solcher Lehre bezeugt der Apostel Paulus in bezug auf Timotheus:

Du aber bleibe in dem, was du gelernt hast und was dir zur Gewißheit geworden ist, da du weißt, von wem du es gelernt hast, und weil du von Kindheit an die heiligen Schriften kennst, welche die Kraft haben, dich weise zu machen zur Errettung durch den Glauben, der in Christus Jesus ist. (2Tim 3,14-15)

Die zerstörerischen Auswirkungen der modernen »christlichen Jugendkultur« auf die Gottesfurcht

Leider müssen wir feststellen, daß in vielen heutigen Gemeinden, Gemeindeverbänden und Freikirchen eine ungeistliche, von weltlichen Einflüssen geprägte Art von »Jugendkultur« und

»Jugendarbeit« Einzug gehalten hat, die jungen Christen geradezu die Gottesfurcht austreibt und sie in eine ganz falsche, unehrfürchtige Richtung beeinflußt. Diese »Jugendkultur« ist durch verschiedene Eigenheiten gekennzeichnet:

- Verzicht auf ernsthafte, schriftgebundene Bibelarbeit, stattdessen lockere »Inputs« mit minimalem biblischem Gehalt und viel menschlichem Beiwerk;

- Eine lässige, unehrfürchtige, teils auch unreine »Jugend«-Sprache, mit der auch über heilige und göttliche Dinge gesprochen wird; das schlimmste Beispiel hierfür ist die Sprache der »Volxbibel«;

- Der Einfluß von weltlicher und »christlicher« Pop- und Rockmusik und der ganzen damit verbundenen Rock-Kultur, die unzüchtig, rebellisch und selbstsüchtig ist. Solche Musik wird privat gehört; oft aber auch in der Jugendgruppe praktiziert (Schlagzeug und E-Gitarre im Jugendraum sind ein Alarmsymptom!). Rockmusik übt, weil sie von dämonischen Einflüssen geprägt ist, eine starke Faszination auf die jungen Menschen aus, und untergräbt gleichzeitig schleichend den Glauben und die Gottesfurcht. Das gilt auch für die »christliche« Rockmusik und die eng verwandten charismatischen »Lobpreis«lieder;

- Eine unterschwellig auflehnende und herabsetzende Haltung gegenüber älteren Gläubigen, gegenüber den Gemeindeältesten und auch den Eltern; Hochmut und die Überzeugung, es besser zu wissen und näher am Puls der Zeit zu sein als die »Alten«;

- Absonderung von den älteren Gläubigen und ihren Gottesdienstformen und Liedern; Züchtung einer eigenen, erlebnis- und vergnügungsorientierten »Jugendgruppenkultur«; »Coolsein« als Maß der Dinge;

- Förderung von Ichhaftigkeit und Selbstverwirklichung, eigensüchtigem Vergnügen, fragwürdigen Späßchen auf Kosten anderer, oberflächlichem Aktivismus (»Äktschn«);

- Leichtfertige, zu vertrauliche Umgangsformen, Flirts und Anbandeleien, Cliquenbildung in der Jugendgruppe; leichtfertige und unzüchtige Kleidung, ungute »Partys« und »Freundschaften«;

- Offenheit für die verderblichen Elemente der weltlichen »Jugendkultur«: Discos, Kinos, weltliche Unterhaltungsfilme und Bücher, falscher Internetgebrauch, Computerspiele.

Ohne daß dies den betroffenen Jugendlichen bewußt wäre oder man bösen Willen unterstellen möchte, ist in dieser modernen »christlichen Jugendkultur« doch das Wirken des Widersachers erkennbar, der die junge Generation dem Herrn und Seinem Wort, sowie auch dem Glauben der älteren Geschwister entfremden möchte und sie in die Verweltlichung bzw. in charismatische oder missional-emergente Irrströmungen hineinlocken möchte.

Gegen solche verführerischen Entwicklungen müssen wir wachsam sein und unsere Kinder und Jugendlichen davor bewahren, wo immer möglich.

Auch betroffene junge Christen sollten sich von solcher »Jugendkultur« konsequent trennen und fernhalten, wenn sie im Glauben gesund werden wollen und an Gottesfurcht zunehmen wollen.

Wahre Gottesfurcht kostet immer einen Preis; wir erlangen sie nicht, wenn wir im trüben Strom der Verweltlichung und Lauheit mitschwimmen.

VI. Die Gottesfurcht rechnet mit dem kommenden Gericht

Laßt uns die Summe aller Lehre hören:
Fürchte Gott und halte seine Gebote;
denn das macht den ganzen Menschen aus.
Denn Gott wird jedes Werk vor ein Gericht bringen,
samt allem Verborgenen, es sei gut oder böse.
(Pred 12,13-14)

Die Hand darauf!
Der Böse bleibt nicht ungestraft,
aber der Same der Gerechten wird errettet.
(Spr 11,21)

Die Furcht des Herrn hat, das haben wir schon gesehen, ganz wesentlich mit der Einsicht zu tun, daß der heilige und allmächtige Gott der *Richter* aller Menschen ist.

Der Gottesfürchtige ist sich der ehrfurchtgebietenden Majestät des großen Gottes sehr bewußt; er rechnet mit Seinem Regierungshandeln und hält sich deshalb gewissenhaft an Seine Gebote und Ordnungen. Er weiß, daß Gott schon hier auf Erden zeitliche Gerichte über die verhängt, die Seinen Geboten zuwiderhandeln und Böses tun. Und es ist ihm zutiefst bewußt, daß es ein ewiges Gericht gibt, dem niemand entrinnen kann.

> ***Wer erkennt aber die Stärke deines Zorns, deinen Grimm, so wie es der Furcht vor dir entspricht?*** *(Ps 90,11)*

> *Wir wissen aber, daß das Gericht Gottes der Wahrheit entsprechend über die ergeht, welche so etwas verüben. Denkst du etwa, o Mensch, der du die richtest, welche so etwas verüben, und doch*

das gleiche tust, daß du dem Gericht Gottes entfliehen wirst? Oder verachtest du den Reichtum seiner Güte, Geduld und Langmut, und erkennst nicht, daß dich Gottes Güte zur Buße leitet?

Aber aufgrund deiner Verstocktheit und deines unbußfertigen Herzens häufst du dir selbst Zorn auf ***für den Tag des Zorns und der Offenbarung des gerechten Gerichtes Gottes, der jedem vergelten wird nach seinen Werken:*** *denen nämlich, die mit Ausdauer im Wirken des Guten Herrlichkeit, Ehre und Unvergänglichkeit erstreben, ewiges Leben; denen aber, die selbstsüchtig und der Wahrheit ungehorsam sind, dagegen der Ungerechtigkeit gehorchen, Grimm und Zorn! (…)*

Wenn nämlich Heiden, die das Gesetz nicht haben, doch von Natur aus tun, was das Gesetz verlangt, so sind sie, die das Gesetz nicht haben, sich selbst ein Gesetz, da sie ja beweisen, daß das Werk des Gesetzes in ihre Herzen geschrieben ist, was auch ihr Gewissen bezeugt, dazu ihre Überlegungen, die sich untereinander verklagen oder auch entschuldigen – ***an dem Tag, da Gott das Verborgene der Menschen durch Jesus Christus richten wird nach meinem Evangelium*** *… (Röm 2,2-16)*

Das Gericht Gottes, von dem heute kaum noch ein moderner Verkündiger spricht, ist, wie dieses Pauluswort zeigt, unverzichtbarer Bestandteil der biblischen Evangeliumsbotschaft. Vor diesem gerechten Gericht Gottes am letzten Tag kann kein sündiger Mensch bestehen; jeder muß mit seiner eigenen Gerechtigkeit, mit dem Ergebnis seiner Taten vor Gott zuschanden werden.

Der Gottesfürchtige hat deshalb seine Zuflucht zu dem Erlöser Jesus Christus genommen und Vergebung der Sünden erlangt. Er hat sich von Herzen zu Christus bekehrt, dem barmherzigen Erretter, der alle unsere Schuld gesühnt hat mit Seinem kostbaren Blut am Kreuz auf Golgatha.

Der gottesfürchtige Gläubige ruht in dem vollkommenen Sühnopfer Jesu Christi; er weiß, daß seine Schuld auf ewig getilgt ist und er nicht ins Zorngericht Gottes kommt.

Wahrlich, wahrlich, ich sage euch: Wer mein Wort hört und dem glaubt, der mich gesandt hat, der hat ewiges Leben und kommt nicht ins Gericht, sondern er ist vom Tod zum Leben hindurchgedrungen. (Joh 5,24)

Denn Gott hat uns nicht zum Zorngericht bestimmt, sondern zum Besitz des Heils durch unseren Herrn Jesus Christus … (1Thess 5,9)

Diese Heilsgewißheit macht ihn aber nicht leichtfertig; er meint nicht, wie die Gottlosen, er könne jetzt ruhig sündigen, weil er ja Vergebung habe. Der Gottesfürchtige meidet im Gegenteil alles Böse und hält sich fern davon, weil er seinen Gott nicht betrüben und Gottes Züchtigungen nicht unnötig durch Fehlverhalten über sich bringen möchte.

Er ist sich aber auch dessen bewußt, daß alle Kinder Gottes, die aus dem Zorngericht errettet sind, einen Tag der Rechenschaft vor dem Richterstuhl des Christus erleben werden (vgl. u. a. Röm 14,8-12). Dort wird ihr Tun und Lassen vom Herrn beurteilt und entweder getadelt oder belohnt werden. Der Gottesfürchtige bedenkt in seinem Handeln diesen Tag vor dem Richterstuhl des Christus und strebt danach, dort Gottes Lob zu hören.

1. Der Gottesfürchtige weiß um das sichere Gericht über diese Welt

Wenn wir Gott fürchten, sind wir uns zutiefst dessen bewußt, daß diese ganze grellbunte Welt mit ihren »Errungenschaften« und Verlockungen unter dem umfassenden und gründlichen Zorngericht Gottes steht und bald völlig zuschanden wird, wenn der Herr Jesus Christus als der Weltenrichter kommen wird.

Dieses kommende Weltgericht ist eine der immer wiederkehrenden Botschaften der Propheten des Alten Bundes; besonders eindrucksvoll ist das Gesicht des Propheten Daniel:

Ich schaute, bis Throne aufgestellt wurden und ein Hochbetagter sich setzte. Sein Gewand war schneeweiß, und das Haar seines Hauptes wie reine Wolle; sein Thron waren Feuerflammen und dessen Räder ein brennendes Feuer. ***Ein Feuerstrom ergoß sich und ging von ihm aus. Tausendmal Tausende dienten ihm, und zehntausendmal Zehntausende standen vor ihm; das Gericht setzte sich, und die Bücher wurden geöffnet.*** *(…)*

Ich sah in den Nachtgesichten, und siehe, es kam einer mit den Wolken des Himmels, gleich einem Sohn des Menschen; und er gelangte bis zu dem Hochbetagten und wurde vor ihn gebracht. ***Und ihm wurde Herrschaft, Ehre und Königtum verliehen, und alle Völker, Stämme und Sprachen dienten ihm; seine Herrschaft ist eine ewige Herrschaft, die nicht vergeht, und sein Königtum wird nie zugrundegehen.*** *(Dan 7,9-14)*

Es dringt ein Lärm bis an die Enden der Erde, denn der HERR hat einen Rechtsstreit mit den Heidenvölkern, ***er hält Gericht mit allem Fleisch; die Gottlosen übergibt er dem Schwert,*** *spricht der HERR. (Jer 25,31)*

So wird der Mensch gebeugt und der Mann gedemütigt, und die Augen der Hochmütigen sollen erniedrigt werden; ***aber der HERR der Heerscharen wird erhaben sein im Gericht, und Gott, der Heilige, wird sich als heilig erweisen in Gerechtigkeit.*** *(Jes 5,15-16)*

Alle diese ernsten Warnungen werden heute von immer mehr Menschen in den Wind geschlagen – und die Vorreiter dieser Leichtfertigkeit sind abtrünnige Christen, Theologen, die mit gelehrten Worten die Wahrheiten der Bibel leugnen oder verdrehen und die Menschen zu gottlosem Tun anstiften.

Ja, heute ist die Zeit der Spötter, vor denen uns der Apostel Petrus warnt – falsche Christen, die behaupten, es gebe gar kein kommendes Weltgericht, sondern die Welt werde in ständiger Aufwärtsentwicklung immer besser und »christlicher« werden.

> *Dabei sollt ihr vor allem das erkennen,* ***daß am Ende der Tage Spötter kommen werden, die nach ihren eigenen Lüsten wandeln und sagen: Wo ist die Verheißung seiner Wiederkunft?*** *Denn seitdem die Väter entschlafen sind, bleibt alles so, wie es von Anfang der Schöpfung an gewesen ist! (2Pt 3,3-4)*

Doch das Wort Gottes entlarvt diese Leute als Betrüger und kündigt uns mit ernsten Worten das kommende Gericht Gottes über die ganze Welt der gottlosen Menschen an:

> *Die jetzigen Himmel aber und die Erde werden durch dasselbe Wort aufgespart* ***und für das Feuer bewahrt bis zum Tag des Gerichts und des Verderbens der gottlosen Menschen.*** *Dieses eine aber sollt ihr nicht übersehen, Geliebte, daß ein Tag bei dem Herrn ist wie tausend Jahre, und tausend Jahre wie ein Tag!*
>
> *Der Herr zögert nicht die Verheißung hinaus, wie etliche es für ein Hinauszögern halten, sondern er ist langmütig gegen uns, weil er nicht will, daß jemand verlorengehe, sondern daß jedermann Raum zur Buße habe.* ***Es wird aber der Tag des Herrn kommen wie ein Dieb in der Nacht;*** *dann werden die Himmel mit Krachen vergehen, die Elemente aber vor Hitze sich auflösen und die Erde und die Werke darauf verbrennen. (2Pt 3,7-10)*

Der Gottesfürchtige weiß um dieses sichere Gericht; er läßt sich nicht blenden von den verführerischen Behauptungen der Weltmenschen und verweltlichten Christen. Sein Vorbild ist der glaubende Noah, der trotz der Gleichgültigkeit seiner Umgebung *»von Gottesfurcht bewegt«* eine Arche baute, weil er um das gewisse Gericht Gottes wußte (Hebr 11,7). Er hält sich abgesondert von der Welt und der falschen Welt-Christenheit (vgl. 2Kor 6,14-18; 2Tim 2,20-21) und lebt nach Gottes heiligen Maßstäben für den Herrn.

> ***Da nun dies alles aufgelöst wird, wie sehr solltet ihr euch auszeichnen durch heiligen Wandel und Gottesfurcht,*** *indem ihr das Kommen des Tages Gottes erwartet und ihm entgegeneilt, an*

welchem die Himmel sich in Glut auflösen und die Elemente vor Hitze zerschmelzen werden! Wir erwarten aber nach seiner Verheißung neue Himmel und eine neue Erde, in denen Gerechtigkeit wohnt. Darum, Geliebte, weil ihr dies erwartet, so seid eifrig darum bemüht, daß ihr als unbefleckt und tadellos vor ihm erfunden werdet in Frieden! (2Pt 3,11-14)

***Habt nicht lieb die Welt, noch was in der Welt ist!** Wenn jemand die Welt lieb hat, so ist die Liebe des Vaters nicht in ihm. Denn alles, was in der Welt ist, die Fleischeslust, die Augenlust und der Hochmut des Lebens, ist nicht von dem Vater, sondern von der Welt. **Und die Welt vergeht und ihre Lust; wer aber den Willen Gottes tut, der bleibt in Ewigkeit.** (1Joh 2,15-17)*

2. Der Gottesfürchtige weiß um das sichere Gericht über alle Verführer und abtrünnigen Christen

Das göttliche Zorngericht über alle Bösen betraf auch die Abgefallenen und Rebellen aus dem Volk Israel. Die Frevler und Gottlosen aus Israel hatten keine Rettung, wenn sie nicht umkehrten.

Sie waren demselben Zorngericht verfallen wie die Sünder aus den Heiden, ja, ihr Gericht war schwerwiegender, weil sie um den wahren Gott und Seine Gebote wußten und viel mehr Licht hatten als die Götzendiener unter den Heidenvölkern.

*Nicht so die Gottlosen, sondern sie sind wie Spreu, die der Wind verweht. **Darum werden die Gottlosen nicht bestehen im Gericht, noch die Sünder in der Gemeinde der Gerechten. Denn der HERR kennt den Weg der Gerechten; aber der Weg der Gottlosen führt ins Verderben.** (Ps 1,4-6)*

Der Gottesfürchtige wird sich deshalb von allen Verführern, Frevlern und Abtrünnigen fernhalten, die lautstark ihre Zugehörigkeit zum Volk Gottes behaupten und doch gesetzlos leben und die

Gottesfurcht verleugnen. Er hält sich getrennt von den liberalen Theologen und ökumenischen Schönrednern, von charismatischen Falschpropheten und den falschen Aposteln des »Sozialen Evangeliums«. Er durchschaut ihre frommen Sprüche und irreführenden Lehren; er will mit ihnen nichts zu tun haben, weil er weiß, daß sie der Zorn Gottes treffen wird, so wie es einst den Rebellen um Korah erging:

> *Rede zu der Gemeinde und sprich: Entfernt euch ringsum von der Wohnung Korahs, Dathans und Abirams! Da stand Mose auf und ging zu Dathan und Abiram, und die Ältesten Israels folgten ihm. Und er redete zu der Gemeinde und sprach:* ***Weicht doch von den Zelten dieser gottlosen Menschen und rührt nichts an von allem, was ihnen gehört, damit ihr nicht weggerafft werdet wegen aller ihrer Sünden! Da entfernten sie sich ringsum von der Wohnung Korahs, Dathans und Abirams.*** *Dathan aber und Abiram kamen heraus und traten an den Eingang ihrer Zelte mit ihren Frauen und Söhnen und Kindern.*
>
> *Und Mose sprach: Daran sollt ihr erkennen, daß der HERR mich gesandt hat, alle diese Werke zu tun, und daß ich nicht aus meinem eigenen Herzen gehandelt habe: Wenn diese sterben werden, wie alle Menschen sterben, und gestraft werden mit einer Strafe, wie sie alle Menschen trifft, so hat der HERR mich nicht gesandt. Wenn aber der HERR etwas Neues schaffen wird, so daß der Erdboden seinen Mund auftut und sie verschlingt mit allem, was sie haben, daß sie lebendig hinunterfahren ins Totenreich, so werdet ihr erkennen, daß diese Leute den HERRN gelästert haben!*
>
> ***Und es geschah, als er alle diese Worte ausgeredet hatte, da zerriß der Erdboden unter ihnen; und die Erde tat ihren Mund auf und verschlang sie samt ihren Familien und alle Menschen, die Korah anhingen, und all [ihre] Habe. Und sie fuhren lebendig hinunter ins Totenreich mit allem, was sie hatten, und die Erde deckte sie zu.*** *So wurden sie mitten aus der Gemeinde vertilgt. Ganz Israel aber, das rings um sie her war, floh bei ihrem Geschrei;*

denn sie sprachen: Daß uns die Erde nicht auch verschlingt! ***Und Feuer ging aus von dem Herrn und verzehrte die 250 Männer, die das Räucherwerk darbrachten.*** *(4Mo 16,24-35)*

In gleicher Weise warnt das Neue Testament alle Gläubigen davor, sich mit Irrlehrern und Verführern einzulassen, die die Wahrheit Gottes verkehren und Ungefestigte auf ihre bösen Wege abziehen:

Es gab aber auch falsche Propheten unter dem Volk, wie auch unter euch falsche Lehrer sein werden, die heimlich verderbliche Sekten (od. Irrlehren) einführen, indem sie sogar den Herrn, der sie erkauft hat, verleugnen; und sie werden ein schnelles Verderben über sich selbst bringen. Und viele werden ihren verderblichen Wegen nachfolgen, und um ihretwillen wird der Weg der Wahrheit verlästert werden. Und aus Habsucht werden sie euch mit betrügerischen Worten ausbeuten; ***aber das Gericht über sie ist längst vorbereitet, und ihr Verderben schlummert nicht.*** *(2Pt 2,1-3)*

Es haben sich nämlich etliche Menschen unbemerkt eingeschlichen, die schon längst zu diesem Gericht aufgeschrieben worden sind, ***Gottlose, welche die Gnade unseres Gottes in Zügellosigkeit verkehren und Gott, den einzigen Herrscher, und unseren Herrn Jesus Christus verleugnen.*** *(…)* ***Wehe ihnen!*** *Denn sie sind den Weg Kains gegangen und haben sich um Gewinnes willen völlig dem Betrug Bileams hingegeben und sind durch die Widersetzlichkeit Korahs ins Verderben geraten!*

Diese sind Schandflecken bei euren Liebesmahlen und schmausen mit [euch], indem sie ohne Scheu sich selbst weiden; Wolken ohne Wasser, von Winden umhergetrieben, unfruchtbare Bäume im Spätherbst, zweimal erstorben und entwurzelt, wilde Wellen des Meeres, die ihre eigene Schande ausschäumen, Irrsterne, denen das Dunkel der Finsternis in Ewigkeit aufbewahrt ist. Von diesen hat aber auch Henoch, der siebte nach Adam, geweissagt, indem er sprach: »Siehe, der Herr ist gekommen mit seinen heiligen Zehntausenden, ***um Gericht zu halten über alle und alle Gottlosen unter ihnen zu strafen wegen all ihrer gottlosen Taten, womit sie sich vergangen haben, und wegen all der harten [Worte], die gottlose Sünder gegen ihn geredet haben.*** *«* *(Jud 1,4.11-15)*

Ihr aber, Geliebte, da ihr dies im voraus wißt, ***so hütet euch, daß ihr nicht durch die Verführung der Frevler mit fortgerissen werdet und euren eigenen festen Stand verliert!*** *(2Pt 3,17)*

Von diesen Frevlern, die vom wahren Glauben an Christus abgefallen sind und den Herrn verleugnet haben, handelt auch jenes ernste Wort aus dem Hebräerbrief, welches das Zorngericht Gottes über alle Abtrünnigen ausspricht:

Denn wenn wir mutwillig sündigen, nachdem wir die Erkenntnis der Wahrheit empfangen haben, so bleibt für die Sünden kein Opfer mehr übrig, sondern nur ein schreckliches Erwarten des Gerichts und ein Zorneseifer des Feuers, der die Widerspenstigen verzehren wird. Wenn jemand das Gesetz Moses verwirft, muß er ohne Erbarmen sterben auf die Aussage von zwei oder drei Zeugen hin; ***wieviel schlimmerer Strafe, meint ihr, wird derjenige schuldig erachtet werden, der den Sohn Gottes mit Füßen getreten und das Blut des Bundes, durch das er geheiligt wurde, für gemein geachtet und den Geist der Gnade geschmäht hat? Denn wir kennen ja den, der sagt: »Die Rache ist mein; ich will vergelten! spricht der Herr«, und weiter: »Der Herr wird sein Volk richten«. Es ist schrecklich, in die Hände des lebendigen Gottes zu fallen!*** *(Hebr 10,26-31)*

Welches schreckliche Gericht wird über jene postmodernen Spötter kommen, die das stellvertretende Sühnopfer des Sohnes Gottes ablehnen und darüber vielfach noch lästernde Bemerkungen machen? Der Gottesfürchtige hütet sich vor solchen verderbenbringenden Leuten; er sondert sich von ihnen ab, um seinem Gott treu zu sein und Ihm wohlgefällig zu leben.

Wenn wir als Gläubige sündigen, so hat das nach dem Grundsatz von Saat und Ernte immer ungute Konsequenzen, auch wenn wir diese vielleicht nicht erkennen können. Aber in einigen Fällen muß Gott uns unmittelbar schmerzhafte Konsequenzen unserer Sünde verordnen, um uns zu erziehen, und dann kann solche Züchtigung recht unangenehm für uns sein. Das mag sich in Krankheiten äußern, aber auch in schwierigen Erfahrungen mit Mitmenschen, manchmal auch in inneren Nöten und Dunkelheiten. Das finden wir schon im Alten Testament bezeugt:

> ***Wer den Weg verläßt, wird schwer gezüchtigt****, wer Zurechtweisung haßt, der muß sterben. (Spr 15,10)*

> ***Als ich es verschwieg, da verfielen meine Gebeine durch mein Gestöhn den ganzen Tag. Denn deine Hand lag schwer auf mir Tag und Nacht****, so daß mein Saft vertrocknete, wie es im Sommer dürr wird. (Sela.) Da bekannte ich dir meine Sünde und verbarg meine Schuld nicht; ich sprach: »Ich will dem HERRN meine Übertretungen bekennen!« Da vergabst du mir meine Sündenschuld. (Ps 32,3-5)*

> *Ich schweige und tue meinen Mund nicht auf; denn du hast es getan.* ***Nimm deine Plage von mir, denn ich vergehe wegen der Schläge deiner Hand! Wenn du jemand züchtigst mit Strafen um der Sünde willen, so läßt du seine Schönheit vergehen wie die Motte – jeder Mensch ist nur ein Hauch!*** *(Ps 39,10-12)*

Das Kennzeichen des Gottesfürchtigen ist nun, daß er sich nicht, wie der Gottlose, erbittert gegen solche Züchtigung wehrt und dagegen ausschlägt, sondern daß er sie annimmt und sich ergeben darunter beugt, in dem Wissen, daß Gott es gut meint und keine Fehler macht:

> *Der die Völker züchtigt, sollte der nicht strafen, er, der die Menschen Erkenntnis lehrt? Der HERR erkennt die Gedanken der Menschen, daß sie nichtig sind.* ***Wohl dem Mann, den du, HERR,***

züchtigst, und den du aus deinem Gesetz belehrst, um ihm Ruhe zu geben vor den Tagen des Unglücks, bis dem Gottlosen die Grube gegraben wird. *(Ps 94,10-13)*

Der Gerechte schlage mich, das ist Gnade; und er züchtige mich, das ist Öl für mein Haupt*, und mein Haupt soll sich nicht dagegen sträuben, wenn es auch wiederholt geschieht; ich bete nur gegen ihre Bosheiten. (Ps 141,5)*

Ein bewegendes Vorbild eines Gottesfürchtigen, der sich bewußt unter die Züchtigungen seines Gottes beugt und durch sie auch geläutert wird, finden wir in den Klageliedern des Jeremia. Diese wunderbaren Verse haben schon viele Kinder Gottes getröstet, wenn sie schwere Züchtigungswege geführt wurden:

Dieses aber will ich meinem Herzen vorhalten, darum will ich Hoffnung fassen: ***Gnadenbeweise des HERRN sind's, daß wir nicht gänzlich aufgerieben wurden, denn seine Barmherzigkeit ist nicht zu Ende; sie ist jeden Morgen neu, und deine Treue ist groß! Der HERR ist mein Teil! spricht meine Seele; darum will ich auf ihn hoffen.*** *Der HERR ist gütig gegen die, welche auf ihn hoffen, gegen die Seele, die nach ihm sucht. Gut ist's, schweigend zu warten auf die Rettung des HERRN.*

Es ist gut für einen Mann, das Joch zu tragen in seiner Jugend. Er sitze einsam und schweige, wenn Er es ihm auferlegt! Er stekke seinen Mund in den Staub; vielleicht ist noch Hoffnung vorhanden. Schlägt ihn jemand, so biete er ihm die Wange dar und lasse sich mit Schmach sättigen! *Denn der Herr wird nicht auf ewig verstoßen; sondern wenn er betrübt hat, so erbarmt er sich auch nach der Fülle seiner Gnade; denn nicht aus Lust plagt und betrübt Er die Menschenkinder.*

Wenn alle Gefangenen eines Landes mit Füßen getreten werden, wenn das Recht eines Mannes gebeugt wird vor dem Angesicht des Höchsten, wenn die Rechtssache eines Menschen verdreht wird – sollte der Herr es nicht beachten? Wer hat je etwas gesagt und es ist geschehen, ohne daß der Herr es befahl? Geht nicht aus dem Mund des Höchsten hervor das Böse und das Gute? ***Was beklagt sich der Mensch, der noch am Leben ist? Es hätte sich wahrlich jeder über seine Sünde zu beklagen! Laßt uns unsere Wege prüfen und erforschen und umkehren zum HERRN! Laßt uns unsere Herzen samt den Händen zu Gott im Himmel erheben!*** *(Kla 3,21-41)*

Im Neuen Testament hören wir die Stimme unseres guten Hirten, des Herrn Jesus Christus, der den abgedrifteten Christen in Laodizea bezeugt:

Alle, die ich liebhabe, die überführe und züchtige ich. *So sei nun eifrig und tue Buße! (Offb 3,19)*

Und der ziemlich fleischlichen, mit Schwierigkeiten behafteten Gemeinde der Korinther bezeugt der Herr durch Seinen Apostel Paulus, daß sie sich göttliche Züchtigungen zugezogen hatten, weil sie in sündhafter Weise das Mahl des Herrn mißachtet und entweiht hatten durch Habgier und Rücksichtslosigkeit:

Wer also unwürdig dieses Brot ißt oder den Kelch des Herrn trinkt, der ist schuldig am Leib und Blut des Herrn. Der Mensch prüfe aber sich selbst, und so soll er von dem Brot essen und aus dem Kelch trinken; denn wer unwürdig ißt und trinkt, der ißt und trinkt sich selbst ein Gericht, weil er den Leib des Herrn nicht unterscheidet. Deshalb sind unter euch viele Schwache und Kranke, und eine beträchtliche Zahl sind entschlafen. ***Denn wenn wir uns selbst richteten, würden wir nicht gerichtet werden; wenn wir aber gerichtet werden, so werden wir vom Herrn gezüchtigt, damit wir nicht samt der Welt verurteilt werden.*** *(1Kor 11,27-32)*

Der Gottesfürchtige trachtet danach, vorsichtig und sorgsam zu wandeln, um Sünde zu vermeiden, die Gott entehren würde, und um eine göttliche Züchtigung erst gar nicht nötig zu machen. Er übt Selbstgericht und prüft seinen Lebenswandel, ob er mit dem Willen Gottes übereinstimmt. Und wenn er gezüchtigt wird, dann sagt er dazu Ja und sucht eine heilsame Lehre aus der Züchtigung zu ziehen. So trägt er selbst dazu bei, daß ihm alle Dinge zum Besten dienen (Röm 8,28).

4. Der Gottesfürchtige ist sich der zukünftigen Rechenschaft vor dem Herrn Jesus Christus bewußt

Die ernste Tatsache, daß alle wahren Kinder Gottes und Nachfolger des Herrn Jesus einmal vor ihrem Herrn Rechenschaft ablegen werden über alle ihre Taten, wird heute von vielen Christen ausgeblendet und verdrängt, obwohl sie vielfach im Wort Gottes bezeugt ist. Das ist ein großer Schaden, denn das Wissen um die kommende Rechenschaft sollte uns zu einem gottesfürchtigen Leben anleiten.

Das falsche Endzeitchristentum verleugnet die Tatsache der Rechenschaft

Die leichtfertigen und gesetzlosen Scheinchristen der letzten Tage wiegen sich alle in der Illusion, sie müßten vor Gott einmal keine Rechenschaft über ihre Taten ablegen. Sie verkünden eine billige Gnade, nach der Gott alle ihre Übertretungen gar nicht beachten und tolerant tragen würde.

Sie meinen, sie hätten einen Freifahrtschein in den Himmel, der sie auf dem breiten Weg durch die weite Pforte direkt in die Herrlichkeit Gottes bringen würde. Doch das ist eine grausame Selbsttäuschung.

> *Wißt ihr denn nicht, daß Ungerechte das Reich Gottes nicht erben werden? Irrt euch nicht: Weder Unzüchtige noch Götzendiener, weder Ehebrecher noch Weichlinge, noch Knabenschänder, weder*

Diebe noch Habsüchtige, noch Trunkenbolde, noch Lästerer, noch Räuber werden das Reich Gottes erben. (1Kor 6,9-10)

Errettet werden nur die, die auf dem schmalen Weg ins Reich der Himmel einzugehen trachten, diejenigen, die durch die enge Pforte wahrhafter Herzensumkehr gegangen sind und ihr Leben in echtem Glauben dem Herrn und Retter Jesus Christus ausgeliefert haben.

Dazu gehört ein bewußter Bruch mit dem alten Sündenleben und der Welt, ein aufrichtiges Bekennen der Sünden, eine bewußte Anerkennung der Herrschaft des Herrn über unser Leben und ein vertrauensvolles Annehmen Seiner Gnade und Erlösung durch das Blut des Lammes. Das sind Kennzeichen einer echten Bekehrung, das ist rettender Glaube.

Gewiß, auch ein wahres Kind Gottes kann noch sündigen und hinfallen; »*Wir alle verfehlen uns vielfach*«, bekennt der Jakobusbrief (Jak 3,2). Die wahren Gläubigen sind noch nicht sündlos vollkommen; das werden sie erst in der Vollendung sein, wenn sie von ihrem Fleischesleib los sind.

Aber sie bereuen die Sünde, bekennen und lassen sie, anstatt in ihr dahinzuleben. Sie reinigen sich so rasch wie möglich, wenn sie sich befleckt haben; sie sind sich bewußt, daß sie vor einem heiligen Herrn wandeln, dem sie Rechenschaft geben werden.

In der heutigen evangelikalen Christenheit wird jedoch die aufrichtige Buße und Herzensumkehr zu Gott, der Bruch mit der Welt und dem alten Sündenleben kaum noch verkündigt; die Menschen werden zu vorschnellen, oberflächlichen, unechten »Entscheidungen für Jesus« gedrängt, die keine Wiedergeburt zur Folge haben. Diese nur scheinbar bekehrten Menschen meinen, sie könnten ihr altes Leben mit ein paar »christlichen« Beigaben fortsetzen.

Viele leichtfertige, vergnügungssüchtige, »gesetzesfreie« Christen werden einmal mit Schrecken feststellen, daß alle Worte des Herrn Jesus und Seiner Apostel, die sie bewußt übersehen und mißachtet hatten, ganz und gar wahr sind, und daß sie ihre Rettung verfehlt haben, weil sie einem falschen Jesus und einem falschen Evangelium vertrauten (vgl. 2Kor 11,3-4; Gal 1,6-10).

Der Gottesfürchtige weiß um den kommenden Tag des Christus

Der wahre Gläubige ist sich dessen bewußt, daß er mit allen seinen Worten und Taten einmal vor dem Herrn Jesus Christus offenbar werden und Rechenschaft ablegen wird. Dann wird der Herr seine Herzensgedanken und Motive, seine Worte, seine Werke bewerten, und alles aus dem Fleisch Hervorgegangene wird dann verworfen werden und verbrennen, während alles aus dem Geist Gewirkte Lohn und Anerkennung finden wird.

Dort, am Preisrichterstuhl des Christus, geht es nicht um Verdammnis und Zorngericht. Unser Herr und Erlöser hat ja alles Zorngericht für uns getragen und unsere Schuld gesühnt. Aber es geht um Lohn oder Verlust, um Lob und Tadel für unser Leben.

> *Denn leben wir, so leben wir dem Herrn, und sterben wir, so sterben wir dem Herrn; ob wir nun leben oder sterben, wir gehören dem Herrn. Denn dazu ist Christus auch gestorben und auferstanden und wieder lebendig geworden, daß er sowohl über Tote als auch über Lebende Herr sei. Du aber, was richtest du deinen Bruder? Oder du, was verachtest du deinen Bruder?* ***Wir werden ja alle vor dem Richterstuhl des Christus erscheinen;*** *denn es steht geschrieben: »So wahr ich lebe, spricht der Herr: Mir soll sich jedes Knie beugen, und jede Zunge wird Gott bekennen«.* ***So wird also jeder von uns für sich selbst Gott Rechenschaft geben.*** *(Röm 14,8-12)*

Das Wort Gottes betrachtet jeden Gläubigen als einen Haushalter (oder Verwalter); das war in biblischer Zeit ein Sklave, dem sein Herr die Verwaltung seines ganzen Betriebes und Haushalts anvertraute und der seine Aufträge treu und gewissenhaft nach den Vorgaben des Herrn auszuführen hatte.

Schon der Herr Jesus selbst gebrauchte dieses Bild von dem Haushalter, der seinem Herrn Rechenschaft schuldig ist, mehrfach, um Seine Jünger zur Treue anzuspornen (vgl. Mt 24,45-51; 25,14-30; Lk 12,42-48; 16,1-8). Der Apostel Paulus bezieht es dann noch einmal auf die Gläubigen in Christus, besonders auf die Diener des Herrn:

> *So soll man uns betrachten: als Diener des Christus und Haushalter der Geheimnisse Gottes.* ***Im übrigen wird von einem Haushalter nur verlangt, daß er treu erfunden wird.*** *Mir aber ist es das Geringste, daß ich von euch oder von einem menschlichen Gerichtstag beurteilt werde; auch beurteile ich mich nicht selbst.*
>
> *Denn ich bin mir nichts bewußt; aber damit bin ich nicht gerechtfertigt, sondern der Herr ist es, der mich beurteilt. Darum richtet nichts vor der Zeit,* ***bis der Herr kommt, der auch das im Finstern Verborgene ans Licht bringen und die Absichten der Herzen offenbar machen wird; und dann wird jedem das Lob von Gott zuteil werden.*** *(1Kor 4,1-5)*

Am Preisrichterstuhl wartet Tadel und Lohn auf uns

Der Tag des Christus im Sinne der Rechenschaft der Gläubigen vor dem Preisrichterstuhl des Herrn wird nach der Entrückung der Gemeinde in den Himmel stattfinden.

Auch wenn wir nichts Genaues über die Einzelheiten mitgeteilt bekommen, gehe ich davon aus, daß dieser Tag vor der Hochzeit des Lammes und dem Kommen des Messias in Macht und Herrlichkeit auf die Erde stattfinden wird; denn das Gericht beginnt am Haus Gottes, und wenn die Heiligen die Welt richten sollen, müssen sie selbst zuerst gerichtet werden.

> *Darum suchen wir auch unsere Ehre darin, daß wir ihm wohlgefallen, sei es daheim oder nicht daheim.* ***Denn wir alle müssen vor dem Richterstuhl des Christus offenbar werden, damit jeder das empfängt, was er durch den Leib gewirkt hat, es sei gut oder böse. In dem Bewußtsein, daß der Herr zu fürchten ist, suchen wir daher die Menschen zu überzeugen, Gott aber sind wir offenbar;*** *ich hoffe aber auch in eurem Gewissen offenbar zu sein. (2Kor 5,9-11)*

Wir selbst können und sollen uns schon hier in diesem Leben prüfen, und das geschieht, indem wir das Wort Gottes in uns aufnehmen und bewegen, denn dem Wort Gottes wohnt eine wunderbare Kraft inne, uns von Sünde zu überführen und uns andererseits Gott und Seinen Willen zu offenbaren. Wenn wir in einer geistgewirkten Weise über das Wort Gottes nachsinnen, dann kann unser Herr selbst uns dadurch heiligen und zurechtbringen:

> *Denn das Wort Gottes ist lebendig und wirksam und schärfer als jedes zweischneidige Schwert, und es dringt durch, bis es scheidet sowohl Seele als auch Geist, sowohl Mark als auch Bein,* ***und es ist ein Richter der Gedanken und Gesinnungen des Herzens. Und kein Geschöpf ist vor ihm verborgen, sondern alles ist enthüllt und aufgedeckt vor den Augen dessen, dem wir Rechenschaft zu geben haben.*** *(Hebr 4,12-13)*

Wenn Gläubige Verkehrtes und Schädliches getan haben, dann wird es dafür Tadel vom Herrn und auch negative Konsequenzen geben; umgekehrt wird der Gläubige für allen treuen Dienst Lob und Lohn empfangen. In bezug auf die negativen Folgen sündigen Tuns finden wir eine Andeutung in 1. Korinther 3:

> *So ist also weder der etwas, welcher pflanzt, noch der, welcher begießt, sondern Gott, der das Gedeihen gibt. Der aber, welcher pflanzt und der, welcher begießt, sind eins;* ***jeder aber wird seinen eigenen Lohn empfangen entsprechend seiner eigenen Arbeit.*** *Denn wir sind Gottes Mitarbeiter; ihr aber seid Gottes Ackerfeld und Gottes Bau. Gemäß der Gnade Gottes, die mir gegeben ist, habe ich als ein weiser Baumeister den Grund gelegt; ein anderer aber baut darauf. Jeder aber gebe acht, wie er darauf aufbaut. Denn einen anderen Grund kann niemand legen außer dem, der gelegt ist, welcher ist Jesus Christus.*
>
> ***Wenn aber jemand auf diesen Grund Gold, Silber, kostbare Steine, Holz, Heu, Stroh baut, so wird das Werk eines jeden offenbar werden; der Tag wird es zeigen, weil es durchs Feuer***

> ***geoffenbart wird. Und welcher Art das Werk eines jeden ist, wird das Feuer erproben.*** *Wenn jemandes Werk, das er darauf gebaut hat, bleibt, so wird er Lohn empfangen; wird aber jemandes Werk verbrennen, so wird er Schaden erleiden; er selbst aber wird gerettet werden, doch so wie durchs Feuer hindurch. (1Kor 3,7-15)*

In bezug auf das Lob und den Lohn lesen wir ebenfalls einige Andeutungen. Schon im ersten Buch der Bibel ermutigte Gott den Abraham: »*Fürchte dich nicht, Abram, ich bin dein Schild und dein sehr großer Lohn!*« (1Mo 15,1). Der Herr Jesus ermutigt Seine Nachfolger im letzten Buch der Bibel: »*Sei getreu bis in den Tod, so werde ich dir die Krone (od. den Siegeskranz) des Lebens geben!*« (Offb 2,10).

Immer wieder finden wir in der Bibel den Lohn erwähnt, den der treue und gottesfürchtige Gläubige zu erwarten hat; wir haben darüber schon gesprochen (vgl. oben S. 63-67).

Der Messias selbst als der vollkommene Knecht des HERRN spricht prophetisch davon: »*Ich aber hatte gedacht: Ich habe mich vergeblich abgemüht und meine Kraft umsonst und nutzlos verbraucht! Doch steht mein Recht bei dem HERRN und mein Lohn bei meinem Gott*« (Jes 49,4). Der Prophet Asarja ermutigt die Juden: »*Ihr aber, seid stark und laßt eure Hände nicht sinken; denn euer Werk hat seinen Lohn!*« (2Chr 15,7).

Der Herr Jesus spornt Seine Jünger zu Leiden um Seinetwillen an mit den Worten: »*Freut euch und frohlockt,* ***denn euer Lohn ist groß im Himmel;*** *denn ebenso haben sie die Propheten verfolgt, die vor euch gewesen sind*« (Mt 5,12).

Er verheißt denen, die in der mühsamen Erntearbeit des Evangeliums stehen: »***Und wer erntet, der empfängt Lohn und sammelt Frucht zum ewigen Leben,*** *damit sich der Sämann und der Schnitter miteinander freuen*« (Joh 4,36). Gutestun bringt reichen Lohn: »*Vielmehr liebt eure Feinde und tut Gutes und leiht, ohne etwas dafür zu erhoffen; so wird euer Lohn groß sein, und ihr werdet Söhne des Höchsten sein, denn er ist gütig gegen die Undankbaren und Bösen*« (Lk 6,35). Ebenso lehren uns die Apostel:

> *Und alles, was ihr tut, das tut von Herzen, als für den Herrn und nicht für Menschen, da ihr wißt,* ***daß ihr von dem Herrn zum Lohn das Erbe empfangen werdet****; denn ihr dient Christus, dem Herrn! (Kol 3,23-24)*

Der Apostel Paulus bezeugt immer wieder, daß er dem Herrn auch deshalb treu und eifrig dient, weil er den kommenden Tag der Rechenschaft, den Tag des Christus, im Sinn hat und sich ausstreckt nach dem Ziel, dem »*Kampfpreis der himmlischen Berufung Gottes in Christus Jesus*« (Phil 3,14). Dieser Kampfpreis wird mehrfach in der Schrift als »Siegeskranz« oder »Krone« (gr. *stephanas*) beschrieben; der Begriff »Siegeskranz« bezeichnet auch die Lorbeerkränze, mit denen die Sieger der Olympischen Spiele geehrt wurden:

> *Jeder aber, der sich am Wettkampf beteiligt, ist enthaltsam in allem – jene, um einen vergänglichen Siegeskranz zu empfangen, wir aber einen unvergänglichen. (1Kor 9,25 vgl. 2Tim 2,5)*

> *Von nun an liegt für mich die Krone (od. der Siegeskranz) der Gerechtigkeit bereit, die mir der Herr, der gerechte Richter, an jenem Tag zuerkennen wird, nicht aber mir allein, sondern auch allen, die seine Erscheinung liebgewonnen haben. (2Tim 4,8)*

> *Glückselig ist der Mann, der die Anfechtung erduldet; denn nachdem er sich bewährt hat, wird er die Krone (od. den Siegeskranz) des Lebens empfangen, welche der Herr denen verheißen hat, die ihn lieben. (Jak 1,12)*

So wird der Gottesfürchtige sich vor Sünde und fleischlichem, eigensüchtigem Tun hüten und eifrig dem Herrn dienen – aus Liebe zu Gott, aus dem Verlangen Gott zu verherrlichen, aber auch, weil er den Tadel seines Herrn vermeiden und sich Seines Lobes und Lohnes erfreuen will.

VII. Der Verlust der Gottesfurcht in der Endzeit

Du strafst dich selbst mit deiner Bosheit
und züchtigst dich selbst mit deinem Abfall!
Erkenne doch und sieh, wie schlimm und bitter es ist,
daß du den HERRN, deinen Gott, verlassen hast,
und daß keine Furcht vor mir in dir ist!
spricht der Herrscher, der HERR der Heerscharen.
(Jer 2,19)

Ein Sohn soll seinen Vater ehren und ein Knecht seinen Herrn!
Bin ich nun Vater, wo ist meine Ehre?
Bin ich Herr, wo ist die Furcht vor mir?
spricht der HERR der Heerscharen zu euch Priestern,
die ihr meinen Namen verächtlich macht.
(Mal 1,6)

Über die wahre Gottesfurcht zu schreiben ist besonders heute wichtig, in einer Zeit, in der nicht nur bei den ungläubigen Sündern, sondern auch in der Namenschristenheit das Gegenteil von Gottesfurcht sich immer mehr ausbreitet, nämlich die *Gottlosigkeit*.

Dieses deutsche Wort übersetzt das griechische *a-sebeia*, das Fehlen von Gottesfurcht, eine freche, dreiste, unehrfürchtige Haltung gegenüber Gott. Man könnte statt von »Gottlosigkeit« auch von »Frevel« oder »vermessener Auflehnung gegen Gott« sprechen.

Der Gottlose ist der Unehrfürchtige, der Freche, Verwegene, der Gott herausfordert mit seinem Spott über Heiliges, seinem Ungehorsam und seinem zügellosen Lebenswandel. Genau diese Grundhaltung kennzeichnet die Endzeit, die letzte Zeit vor der Wiederkunft Jesu Christi, die letzten Tage vor dem Endgericht.

Wahrhaftig, wir leben heute in den schlimmen Zeiten, die das Wort Gottes schon vor 2.000 Jahren im 2. Timotheusbrief angekündigt hat:

> ***Das aber sollst du wissen, daß in den letzten Tagen schlimme Zeiten eintreten werden.*** *Denn die Menschen werden sich selbst lieben, geldgierig sein, prahlerisch, überheblich, Lästerer, den Eltern ungehorsam, undankbar, unheilig, lieblos, unversöhnlich, verleumderisch, unbeherrscht, gewalttätig, dem Guten feind, Verräter, leichtsinnig, aufgeblasen; sie lieben das Vergnügen mehr als Gott;* ***dabei haben sie den äußeren Schein von Gottesfurcht, deren Kraft aber verleugnen sie.*** *Von solchen wende dich ab! (2Tim 3,1-5)*

Wie treffend schildert das Wort Gottes hier die moralischen Kennzeichen unserer heutigen Zeit! Mit diesem Wort ist ja die bekennende Christenheit angesprochen, nicht die völlig gottlose Welt; es ist davon die Rede, daß noch ein Schein von Frömmigkeit vorhanden ist – aber nicht mehr die Kraft echter Gottesfurcht.

Eine unbekehrte, nur scheingläubige Christenheit ohne wahre Errettung, ohne Zeugung von oben und ohne den Heiligen Geist kann nur die Eigenschaften des sündigen Fleisches unter frommem Gewand hervorbringen.

Das Fehlen an Gottesfurcht in der Endzeit betrifft jedoch nicht nur die unechten Namenschristen; es besteht die Gefahr, daß diese Geisteshaltung auch auf die wahren Kinder Gottes abfärbt; nicht umsonst endet dieser Abschnitt mit der Mahnung: »*Von solchen wende dich ab!*«

Wir haben heute auch in evangelikalen Kreisen und bis hin in eigentlich bibeltreue Gemeinden eine allgemeine »geistliche Atmosphäre« von Ichhaftigkeit, fleischlichem Freiheitsstreben und Zuchtlosigkeit. Der Mensch und seine Bedürfnisse stehen im Mittelpunkt; Gott wird oftmals eher als toleranter Bedürfniserfüller angesehen, und Seine heiligen Ansprüche an den Menschen werden ausgeblendet.

Alle diese Einflüsse einer sich christlich gebenden Gottlosigkeit färben auch auf wahre Gläubige ab und richten dort großen geistlichen Schaden an. Es ist daher wichtig für uns, daß wir das geistliche Wesen jener endzeitlichen Gottlosigkeit und Dreistigkeit der Menschen gegenüber Gott von der Bibel her tiefer verstehen und geistlich in die Entwicklungen unserer Zeit einordnen.

1. Das Wesen der Gottlosigkeit und des Frevels nach der Bibel

Wenn man die Aussagen der Heiligen Schrift über den Gegenpol der Gottesfürchtigen, die »Gottlosen« oder »Frevler« betrachtet, so fällt auf, daß eigentlich diejenigen als »Gottlose« bezeichnet werden, die sehr wohl eine Kenntnis Gottes und Seiner Gebote haben, die aber gegen Gottes Wort verstoßen und bewußt das Licht verwerfen, das sie über Gott haben. Hier ist ein Abschnitt aus Psalm 50 sehr aufschlußreich:

> *Zu dem Gottlosen aber spricht Gott: »**Was zählst du meine Satzungen auf und nimmst meinen Bund in deinen Mund,** da du doch Zucht haßt und meine Worte verwirfst? Siehst du einen Dieb, so freundest du dich mit ihm an, und mit Ehebrechern hast du Gemeinschaft; deinen Mund läßt du Böses reden, und deine Zunge knüpft Betrug. (Ps 50,16-19)*

Hier zeigt sich, daß der Gottlose im Volk Israel sehr wohl die Schriften des AT kannte und sich rühmte, im Bund mit dem HERRN zu sein. Das gilt sinngemäß genauso von den äußerlichen Namenschristen der heutigen Tage, die eine gewisse Kenntnis von Gott und Seinen Geboten haben, aber dennoch eigenwillig und in Sünde leben, ohne sich zu bekehren und wirklich an den Herrn Jesus Christus zu glauben, auf dessen Namen sie sich berufen. »*Das Heil ist fern von den Gottlosen; denn sie fragen nicht nach deinen Anweisungen*« (Ps 119,155).

Die Gottlosen sind in diesem Sinne Abtrünnige, Abgefallene; sie erkennen Gott nur äußerlich an; in Wahrheit handeln sie so, als gebe es keinen allmächtigen Gott und Richter des Bösen.

Vom Übermut des Gottlosen wird dem Elenden bange; mögen doch von der Arglist die betroffen werden, die sie ausgeheckt haben! Denn der Gottlose rühmt sich der Gelüste seines Herzens, und der Habsüchtige sagt sich los vom HERRN und lästert ihn. ***Der Gottlose sagt in seinem Hochmut: »Er wird nicht nachforschen!« Alle seine Gedanken sind: »Es gibt keinen Gott«!*** *(Ps 10,2-4)*

Ein Urteil über die **Abtrünnigkeit des Gottlosen** *[kommt] aus der Tiefe meines Herzens:* **Die Gottesfurcht gilt nichts vor seinen Augen!** *Denn es schmeichelt ihm in seinen Augen, seine Missetat zu vollbringen, zu hassen. Die Worte seines Mundes sind Lug und Trug;* **er hat aufgehört, verständig zu sein und Gutes zu tun.** *Auf seinem Lager brütet er Bosheit aus, er stellt sich auf einen Weg, der nicht gut ist; das Böse verabscheut er nicht. (Ps 36,2-5)*

Auch hier zeigt sich, daß der Gottlose oftmals gewisse Anzeichen von Frömmigkeit und Gottesfurcht gezeigt oder zumindest bekannt hat; doch im Herzen hat er sich nie zu dem lebendigen Gott bekehrt. Er liebt es, Böses zu tun, und er haßt den Gottesfürchtigen, der ihm seine Unechtheit und seine Übertretung durch einen heiligen Wandel vor Augen führt.

Der Gottesfürchtige wird von dem Gottlosen allezeit gehaßt und verfolgt; das gilt von Kain und Abel bis ans Ende dieser bösen Weltzeit, wenn die Gottlosen vertilgt werden.

Der Gottlose lauert auf den Gerechten und sucht ihn zu töten. *(Ps 37,32)*

Denn siehe, die Gottlosen spannen ihren Bogen; sie haben ihre Pfeile auf die Sehne gelegt, ***um im Verborgenen auf die zu schießen, welche aufrichtigen Herzens sind.*** *(Ps 11,2)*

Der Gottlose heckt Pläne aus gegen den Gerechten und knirscht gegen ihn mit den Zähnen; aber der Herr lacht über ihn; denn er sieht, daß sein Tag kommt. Die Gottlosen haben das Schwert gezückt und ihren Bogen gespannt, um den Elenden und Armen zu fällen und die umzubringen, die aufrichtig wandeln. (Ps 37,12-14)

Schon beim Volk Israel sehen wir, was sich in der Namenschristenheit bestätigt: Gott hat versucht, die Frevler zu unterweisen und zurechtzubringen; Er hat sie gezüchtigt, aber sie haben die Züchtigung und Unterweisung des Herrn abgelehnt und verworfen. Gerade das macht ihr Tun abscheulich und viel verwerflicher als das der reinen Heidenvölker, die nur wenig Licht über Gott haben.

Darum sollst du zu ihnen sagen: ***Dies ist das Volk, das auf die Stimme des HERRN, seines Gottes, nicht hören will und keine Züchtigung annimmt****; dahin ist die Wahrhaftigkeit, ausgerottet aus ihrem Mund! (Jer 7,28)*

Denn sie ändern sich nicht, und sie fürchten Gott nicht. *(Ps 55,20)*

Und sie wandten mir den Rücken zu und nicht das Angesicht; auch als ich sie belehrte, indem ich mich früh aufmachte und sie [immer wieder] belehrte, ***haben sie nicht hören und keine Züchtigung annehmen wollen*** *… (Jer 32,33)*

Wehe der widerspenstigen und befleckten, der grausamen Stadt! ***Sie hat nicht auf die Warnung gehört, die Züchtigung nicht angenommen****; sie hat nicht auf den HERRN vertraut, sich nicht zu ihrem Gott genaht! Ihre Fürsten in ihrer Mitte sind brüllende Löwen, ihre Richter Wölfe am Abend, die nichts übriglassen für den Morgen. Ihre Propheten sind leichtfertige, betrügerische Menschen; ihre Priester entweihen das Heiligtum, tun dem Gesetz Gewalt an.* ***Ich sprach: »Mich sollst du fürchten; nimm doch***

Züchtigung an!« – dann würde ihre Wohnung nicht vertilgt, so wie ich es über sie beschlossen habe; aber sie haben trotzdem beharrlich alles Böse getan. *(Zeph 3,1-7)*

Aus diesem Grund ist der abtrünnige Gottlose für den heiligen Gott ein Greuel; ihm ist ein unerbittliches Zorngericht aufbewahrt, von dem die Schrift an vielen Stellen spricht (vgl. unten S. 137-141).

Auch wenn es so scheint, als hätten die Gottlosen beträchtlichen Erfolg, so werden sie doch am Ende schlimm zu Fall kommen, und ihr Gericht wird unausweichlich sein. Das bringt Asaph so eindrücklich im Psalm 73 zum Ausdruck. Zuerst klagt er über den scheinbaren Erfolg der Gottlosen in diesem Leben:

Denn ich beneidete die Übermütigen, als ich das ***Wohlergehen der Gottlosen*** *sah. Denn sie leiden keine Qual bis zu ihrem Tod, und ihr Leib ist wohlgenährt. Sie leben nicht in der Not der Sterblichen und sind nicht geplagt wie andere Menschen. Darum ist Hochmut ihr Halsschmuck, und Gewalttat ist das Gewand, das sie umhüllt. Ihr Gesicht strotzt von Fett; sie bilden sich sehr viel ein. Sie höhnen und reden boshaft von Bedrückung, hochfahrend reden sie. Sie reden, als käme es vom Himmel; was sie sagen, muß gelten auf Erden. Darum wendet sich auch sein Volk ihnen zu, und es wird von ihnen viel Wasser aufgesogen.* ***Und sie sagen: »Wie sollte Gott es wissen? Hat denn der Höchste Kenntnis davon?«*** *Siehe, das sind die Gottlosen; denen geht es immer gut, und sie werden reich! (Ps 73,3-12)*

Doch dann beginnt Asaph, die Sache aus der Sicht Gottes zu sehen, und er erkennt, daß das endgültige Schicksal der Frevler und Abgefallenen ein schreckliches, aber auch gerechtes ist:

So sann ich denn nach, um dies zu verstehen; aber es war vergebliche Mühe in meinen Augen – ***bis ich in das Heiligtum Gottes ging und auf ihr Ende achtgab****. Fürwahr, du stellst sie auf schlüpfrigen Boden; du läßt sie fallen, daß sie in Trümmer sinken. Wie sind sie* *so plötzlich verwüstet worden! Sie sind untergegangen und haben ein Ende mit Schrecken genommen. Wie man einen Traum nach dem Erwachen verschmäht, so wirst du, o Herr, wenn du dich aufmachst, ihr Bild verschmähen. (Ps 73,16-20)*

Ähnliche Aussagen finden wir immer wieder im Alten Testament. Der Gottlose, der den HERRN nicht fürchtet, wird am Ende zugrundegehen, und sein böser, verkehrter Weg wird völlig zuschanden werden. Am Ende stehen die Gottesfürchtigen gerechtfertigt da, aber die Frevler werden zunichte.

Der HERR prüft den Gerechten; aber den Gottlosen und den, der Frevel liebt, haßt seine Seele. *Er läßt Schlingen regnen über die Gottlosen; Feuer, Schwefel und Glutwind ist das Teil ihres Bechers. (Ps 11,5-6)*

Wehe dem Gottlosen! Ihm geht es schlecht*; denn was er mit seinen Händen getan hat, das wird ihm angetan werden! (Jes 3,11)*

Keinen Frieden, spricht der HERR, gibt es für die Gottlosen! *(Jes 48,22)*

Die Gerechtigkeit des Unsträflichen ebnet seinen Weg, ***den Gottlosen aber bringt seine eigene Gottlosigkeit zu Fall.*** *(Spr 11,5)*

Der heilige, wahrhaftige Gott verabscheut die ganze heuchlerische »Frömmigkeit« und äußere Gottesverehrung der Frevler, ob es nun die Pharisäer und unbekehrten Juden zur Zeit des Herrn waren, oder ob es die heutigen liberalen oder emergenten Namenschristen sind. Solche falsche Frömmigkeit ist Ihm niemals wohlgefällig:

Das Opfer der Gottlosen ist dem HERRN ein Greuel, das Gebet der Aufrichtigen aber ist ihm wohlgefällig. Der Weg der Gottlosen ist dem HERRN ein Greuel, wer aber der Gerechtigkeit nachjagt, den hat er lieb. (Spr 15,8-9)

2. Eine eigenliebige Endzeitgeneration ohne wahre Gottesfurcht

Wie alles Böse, so wird auch die Gottlosigkeit und der Frevel in der Endzeit kurz vor der Wiederkunft Jesu Christi ausreifen und zu einem traurigen und schrecklichen Höhepunkt anwachsen.

All das, was im AT von den Gottlosen in Israel gesagt wurde, werden auch die Gottlosen der Christenheit praktizieren und darin immer weiter fortschreiten, bis das Gericht Gottes sie wegraffen wird. Wir wollen uns noch einmal das oben angeführte Wort aus dem 2. Timotheusbrief vor Augen führen:

> *Das aber sollst du wissen, **daß in den letzten Tagen schlimme Zeiten eintreten werden. Denn die Menschen werden sich selbst lieben**, geldgierig sein, prahlerisch, überheblich, Lästerer, den Eltern ungehorsam, undankbar, unheilig, lieblos, unversöhnlich, verleumderisch, unbeherrscht, gewalttätig, dem Guten feind, Verräter, **leichtsinnig, aufgeblasen; sie lieben das Vergnügen mehr als Gott; dabei haben sie den äußeren Schein von Gottesfurcht, deren Kraft aber verleugnen sie. Von solchen wende dich ab!** (2Tim 3,1-5)*

Das falsche Evangelium von der »Selbstliebe«

Nicht umsonst steht in diesem Bibelwort die Aussage »*die Menschen werden sich selbst lieben*« am Anfang der traurigen Liste von Charaktereigenschaften. In der heutigen Zeit wird die verführerische Botschaft von der »Selbstliebe« überall ausgebreitet, auch in evangelikalen Kreisen, die sich einst zur Bibeltreue bekannten und die biblische Botschaft von der Kreuzesnachfolge verkündigten.

Heute hört man immer öfter: »Liebe dich selbst! Du kannst die anderen nur so weit lieben, wie du dich selbst liebst!« Man redet von der Wichtigkeit der »Selbstannahme« und der »Selbstverwirklichung«, rät den Christen, sie sollten sich jeden Tag im

Spiegel anschauen und sich sagen, wie toll sie wären. Trotz solcher verführerischer Stimmen, die die Lügen der humanistischen Psychologie nachplappern, gilt immer noch das Wort unseres Herrn:

> *Wenn jemand mir nachkommen will,* ***so verleugne er sich selbst und nehme sein Kreuz auf sich und folge mir nach! Denn wer sein Leben retten will, der wird es verlieren; wer aber sein Leben verliert um meinetwillen, der wird es finden.*** *Denn was hilft es dem Menschen, wenn er die ganze Welt gewinnt, aber sein Leben verliert? Oder was kann der Mensch als Lösegeld für sein Leben geben? (Mt 16,24-26)*

> *Wahrlich, wahrlich, ich sage euch:* ***Wenn das Weizenkorn nicht in die Erde fällt und stirbt, so bleibt es allein; wenn es aber stirbt, so bringt es viel Frucht.*** *Wer sein Leben liebt, der wird es verlieren; wer aber sein Leben in dieser Welt haßt, wird es zum ewigen Leben bewahren. (Joh 12,24-25)*

Aber heute gilt es als christlich, wenn man sich selbst verwirklicht und sein Ichleben so richtig hochpäppelt, anstatt es in den Tod zu geben. Christsein muß »Spaß machen« und »cool sein« in den Augen der verweltlichten falschen Jünger Jesu Christi.

Wohlstand und Gesundheit, beruflicher Erfolg und Freiheit für das Fleisch wird heute gepredigt, und die Massen klatschen Beifall dazu. Es ist die Zeit, von der unser Herr gesagt hat: *»Und weil die Gesetzlosigkeit überhand nimmt, wird die Liebe in vielen erkalten«* (Mt 24,12).

Das trügerische »Christentum des breiten Weges«

Die verführerische Botschaft der gesetzlosen Pseudochristenheit des Abendlandes lautet, in Klartext übertragen: »Gott liebt dich so wie du bist, er segnet dein Selbstverwirklichungsstreben, du kannst die sündigen Genüsse der Welt in Fülle haben, Hurerei, Rockmusik und Discotanz und alles, du kannst die Gebote Gottes ignorieren und machen, was dir Spaß macht, und du kommst am Ende doch in den Himmel!«

Heute wird der breite Weg verkündet, der breite Weg der Gesetzlosigkeit, auf dem man angeblich auch gerettet werden könnte; für den schmalen Weg echter Christusnachfolge hat man nur noch Unverständnis und Spott übrig.

Das geht einher mit der Verbreitung von Lügen über den wahren, heiligen Gott. Heute sagt man den Leuten: »Gott ist locker und humorvoll. Gott ist tolerant. Er richtet Sünde nicht, er ist ja so barmherzig. Wir leben alle von der Gnade. Gott ist dein Freund. Er versteht dich und ist immer bei dir, auch wenn du was Falsches machst. Gott nimmt es mit der Sünde schon nicht so genau und ernst.«

Dazu gehört natürlich, daß das befremdliche, bedrohlich klingende Wort von der »Gottesfurcht« nicht mehr zu hören ist. Man vermeidet dieses Thema in den heutigen positiven, motivierenden 20-Minuten-Predigten.

Die modernen Bibelübertragungen wie *»Gute Nachricht«* oder *»Hoffnung für alle«* haben den Begriff »Gottesfurcht« völlig ausgelöscht. Stattdessen reden sie davon, man solle »Gott ernst nehmen« oder »Gott lieben«.

Das ist eine glatte Verfälschung der Bibel und Verführung der Leser! Wenn Gott das hätte sagen wollen, hätte Er andere Worte im Hebräischen und Griechischen gewählt als gerade das unbequeme Wort »Furcht«!

Das falsche »Evangelium des breiten Weges« ist ein schrecklicher Betrug, eine Lüge des Teufels. Die göttliche Wahrheit hat unser Herr so deutlich verkündigt, und sie wird den betrogenen Scheinchristen auf dem breiten Weg einmal erschreckend klar werden:

> *Geht ein durch die enge Pforte! Denn die Pforte ist weit und der Weg ist breit, der ins Verderben führt; und viele sind es, die da hineingehen. Denn die Pforte ist eng und der Weg ist schmal, der zum Leben führt; und wenige sind es, die ihn finden. (Mt 7,13-14)*

3. Fehlende Gottesfurcht als Nährboden für Verführungen

Die Furcht Gottes allein bewahrt die Gläubigen auf dem Boden der Wahrheit und in der echten geistlichen Erkenntnis, wie wir schon gesehen haben: *»Die Furcht des Herrn ist der Anfang der Erkenntnis«* (Spr 1,7).

Ohne Gottesfurcht gibt es keine echte Gotteserkenntnis und auch keine Erkenntnis des Willens und der Wege Gottes. Deshalb bringt es der Verlust an echter Gottesfurcht in der Christenheit und auch unter Gläubigen mit sich, daß der Brutboden für allerlei Lügen und Verführung bereitet wird – so wie umgekehrt diese irreführenden Lehren auch selbst wieder die Gottesfurcht untergraben.

Wer die Liebe zur göttlichen Wahrheit verschmäht, der kommt unter den verderblichen Einfluß der endzeitlichen Irrtümer! Das lehrt uns das ernste Wort aus dem 2. Thessalonicherbrief, das uns das Endstadium der Verführung offenbart, wenn der Antichrist selbst auf den Plan tritt; doch die Grundsätze gelten auch schon für die heutige vor-antichristliche Irreführung:

> *Denn das Geheimnis der Gesetzlosigkeit ist schon am Wirken, nur muß der, welcher jetzt zurückhält, erst aus dem Weg sein; und dann wird der Gesetzlose geoffenbart werden, den der Herr verzehren wird durch den Hauch seines Mundes, und den er durch die Erscheinung seiner Wiederkunft beseitigen wird, ihn, dessen Kommen aufgrund der Wirkung des Satans erfolgt, unter Entfaltung aller betrügerischen Kräfte, Zeichen und Wunder und aller Verführung der Ungerechtigkeit bei denen, die verlorengehen, weil sie die Liebe zur Wahrheit nicht angenommen haben, durch die sie hätten gerettet werden können. Darum wird ihnen Gott eine wirksame Kraft der Verführung senden, so daß sie der Lüge glauben, damit alle gerichtet werden, die der Wahrheit nicht geglaubt haben, sondern Wohlgefallen hatten an der Ungerechtigkeit. (2Thess 2,7-12)*

Diese Entwicklungen entfalten sich schon heute im begrenzten Maßstab; wenn der Antichrist auftritt, werden sie sich ungehemmt ausbreiten wie ein Flächenbrand. Doch schon heute sehen wir, wie immer mehr äußerliche Namenschristen unter den Einfluß dämonischer Irreführungen kommen.

> *Der Geist aber sagt ausdrücklich,* ***daß in späteren Zeiten etliche vom Glauben abfallen und sich irreführenden Geistern und Lehren der Dämonen zuwenden werden*** *durch die Heuchelei von Lügenrednern, die in ihrem eigenen Gewissen gebrandmarkt sind. (1Tim 4,1-2)*

Das gilt nicht nur für die liberalen Großkirchen und die Charismatische Bewegung. In den letzten Jahrzehnten haben sich die »Evangelikalen«, die Bewegungen unter dem Dach der »Evangelischen Allianz«, zu einem großen Teil immer weiter vom bibeltreuen Glauben entfernt und sind von Christus und Seinem Wort abgedriftet. So ist es kein Wunder, daß sich auch unter den neuen Evangelikalen die Verführungsströmungen der Bibelkritik, der Charismatik und der Ökumene immer weiter ausbreiten.

Der Verlust echter Gottesfurcht und Heiligung trägt viel dazu bei, daß die endzeitlichen falschen Propheten und Irrlehrer aus der Pfingst- und Charismatischen Bewegung immer mehr Einfluß bekommen. Sie weissagen »Friede, Friede«, wo doch kein Friede ist, aber die Leute merken den Betrug nicht mehr.

Sie machen Werbung für spiritistische Geistheiler und falsche Wundertäter, und Zehntausende pilgern hin, um sich eine Dosis der okkulten »Kraft« zu holen, die dort ihr finsteres Werk treibt. Die Lügenprophetien und hellseherischen »Worte der Erkenntnis« von irgendwelchen Charismatikern werden hochgeschätzt, aber das echte Wort Gottes wird mißachtet und nicht befolgt.

Der Mangel an Gottesfurcht treibt die modernen Evangelikalen immer weiter hin zu offener Lästerung des heiligen Gottes. Das sehen wir an der von vielen geschätzten »Volxbibel« und ihrem gottlosen Vokabular, mit dem Heiligstes in den Schmutz gezogen wird. Wir sehen es auch an der wachsenden Zahl von »christlichen«

Clowns, Pantomimestars, Kabarettisten und Zauberkünstlern, an »Bibel-Comics«, die unsern Herrn herabwürdigen, an der immer offeneren Verharmlosung von Unzucht und Homosexualität durch gewisse Leute, die sich »Christen« nennen.

Wir sehen es auch daran, daß die heiligsten Wahrheiten des Evangeliums, besonders die fundamentale Lehre vom stellvertretenden Sühnopfer des unschuldigen Gottessohnes, das uns allein mit Gott versöhnt, in Frage gestellt und durch tote, liberale Irrlehren ersetzt werden, ohne daß ein Aufschrei der Empörung durch die Reihen der Evangelikalen ginge.

Dasselbe gilt von den fundamentalen Wahrheiten der biblischen Schöpfungslehre, von der Lehre der völligen Sündenverderbnis des Menschen, von der Lehre vom ewigen Gericht der Hölle für die Ungläubigen, von der Lehre des kommenden Zorngerichtes Gottes über diese Welt, vom Kommen des Tausendjährigen Reiches usw. Die Grundfesten des biblischen Glaubens werden von emergenten und missionalen Irrlehrern unterspült und verfälscht, und die Führer der Allianz-Evangelikalen dulden es oder geben dazu ihren Applaus.[8]

Die falschen Propheten von heute weissagen den Gottlosen einen faulen »Frieden«

Gerade heute haben wir besonders viele falsche Propheten, die den breiten Weg und die weite Pforte anpreisen – aber ihnen, wie auch vielen ihrer Anhänger, wird der Herr einmal sagen müssen: *»Ich habe euch nie gekannt; weicht von mir, ihr Gesetzlosen!«* (Mt 7,23). Das gilt ganz besonders von den falschen Propheten und

---

8 Über die missionale Irreführung informieren u. a. R. Ebertshäuser, *Soll die Gemeinde die Welt verändern?* (Steffisburg: Edition Nehemia 2014); R. Ebertshäuser, *Kulturrelevante / Missionale Gemeinden.* überblick + durchblick 3. (Steffisburg: Edition Nehemia 2014); über die Emerging Church vgl. dazu R. Ebertshäuser, *Aufbruch in ein neues Christsein? Emerging Church – der Irrweg der postmodernen Evangelikalen.* (Steffisburg: CLKV 2008), sowie ders., *Emerging Church / Emergente Bewegung. überblick + durchblick 1* (Steffisburg: Edition Nehemia 2013).

Predigern der Pfingst- und Charismatischen Bewegung, die in Matthäus 7 ganz deutlich angesprochen sind.[9]

Gerade die Irrlehren der Charismatik und der falsche Geist dieser Bewegung tragen heute viel zur Untergrabung der Gottesfurcht bei, nicht zuletzt durch die verfälschten »Lobpreis«lieder. Aber auch die mit ihnen verwandten Prediger der emergenten Bewegung und des »Sozialen Evangeliums« verbreiten in großem Maßstab Betrug und ein falsches Christentum.

Von ihnen allen gilt im übertragenen Sinne, was der HERR durch den Propheten Jeremia über die falschen Propheten Judas sagen mußte:

> *Auch bei den Propheten von Samaria habe ich Torheit gesehen, daß sie durch Baal weissagten und mein Volk Israel verführten; aber bei den Propheten von Jerusalem habe ich Schauderhaftes wahrgenommen, nämlich Ehebruch und in der Lüge leben;* ***sie stärken die Hände der Bösen, so daß niemand mehr von seiner Bosheit umkehrt****; sie sind mir alle wie Sodomiter geworden und ihre Einwohner wie die von Gomorra.*

> *Darum, so spricht der HERR der Heerscharen über die Propheten: Siehe, ich will ihnen Wermut zu essen geben und Giftwasser zu trinken;* ***denn von den Propheten Jerusalems ist die Gottlosigkeit ausgegangen in das ganze Land.*** *So spricht der HERR der Heerscharen: Hört nicht auf die Worte der Propheten, die euch weissagen! Sie täuschen euch; die Offenbarung ihres eigenen Herzens verkünden sie und nicht [was] aus dem Mund des HERRN [kommt].* ***Ständig sagen sie zu denen, die mich verachten: »Der HERR hat gesagt: Ihr werdet Frieden haben!« Und zu allen denen, die in der Verstocktheit ihres Herzens***

9 Vgl. zu den Lehren und Praktiken der Pfingst- und Charismatischen Bewegung R. Ebertshäuser, *Die Pfingst- und Charismatische Bewegung. Eine biblische Orientierung* (Steffisburg: Edition Nehemia 2012), sowie die Schrift: *Die charismatische »Geistestaufe« im Licht der Bibel* (Leonberg: Esra-Schriftendienst 4. Aufl. 2014).

wandeln, sprechen sie: »Es wird kein Unheil über euch kommen!« *(Jer 23,13-17)*

Das Kennzeichen der heutigen Verführer ist, daß sie die ewigen Worte Gottes mißachten und umdeuten; sie ersetzen sie durch die Erfindungen ihres eigenen verkehrten Herzens und predigen den Leuten einen faulen Frieden, anstatt ihnen kompromißlos die Wahrheit Gottes zu verkündigen.

Auch heute gilt: von diesen verkehrten Predigern geht die Gottlosigkeit aus ins ganze Land. Deshalb wird das Zorngericht Gottes über sie kommen, wie damals über die Propheten Judas:

Denn wer hat im Rat des HERRN gestanden und hat sein Wort gesehen und gehört? Wer hat auf mein Wort geachtet und gehört? Siehe, als ein Sturmwind des HERRN ist der Grimm losgebrochen, und ein wirbelnder Sturmwind wird sich auf das Haupt der Gottlosen entladen! ***Der Zorn des HERRN wird sich nicht abwenden, bis er die Gedanken seines Herzens vollbracht und ausgeführt hat. Am Ende der Tage werdet ihr es erkennen und verstehen! Ich habe diese Propheten nicht gesandt, und doch sind sie gelaufen; ich habe nicht zu ihnen geredet, und doch haben sie geweissagt. Hätten sie in meinem Rat gestanden, so würden sie meinem Volk meine Worte verkündigen und sie abbringen von ihrem bösen Weg und von ihren schlimmen Taten!*** *(Jer 23,18-22)*

Dieses Wort gegen die falschen Propheten ist von bestürzender Aktualität in der heutigen christlichen Szene, deshalb wollen wir noch weiter hören, was Gott über sie zu sagen hat:

Bin ich denn nur Gott in der Nähe, spricht der HERR, und nicht auch Gott in der Ferne? Oder kann sich jemand so heimlich verbergen, daß ich ihn nicht sehe? spricht der HERR. Erfülle ich nicht den Himmel und die Erde? spricht der HERR. Ich habe gehört, was die Propheten reden, die in meinem Namen Lügen weissagen und sprechen: »Ich habe einen Traum gehabt, ich habe einen Traum gehabt!« Wie lange soll das noch gehen? Soll etwa die falsche Weissagung im Herzen der Propheten bleiben?

Und die Propheten, die selbsterfundenen Betrug weissagen, haben sie nicht im Sinn, bei meinem Volk meinen Namen in Vergessenheit zu bringen durch die Träume, die sie einander erzählen, gleichwie ihre Väter meinen Namen vergessen haben über dem Baal? ***Der Prophet, der einen Traum hat, der erzähle den Traum; wer aber mein Wort hat, der verkündige mein Wort in Wahrheit! Was hat das Stroh mit dem Weizen gemeinsam? spricht der Herr. Ist mein Wort nicht wie ein Feuer, spricht der Herr, und wie ein Hammer, der Felsen zerschmettert?***

Darum siehe, ich komme über die Propheten, spricht der Herr, die meine Worte stehlen, einer dem anderen; siehe, ich komme über die Propheten, spricht der Herr, die ihre eigenen Zungen nehmen und behaupten: »Er hat geredet!« Siehe, ich komme über diejenigen, spricht der Herr, die Lügenträume weissagen und sie erzählen und mit ihren Lügen und ihrem leichtfertigen Geschwätz mein Volk irreführen, während ich sie doch nicht gesandt und ihnen nichts befohlen habe, und sie diesem Volk auch gar nichts nützen! spricht der Herr. (Jer 23,23-32)

So werden auch die modernen Prediger von dem heiligen Gott gerichtet werden, die die heutige Generation unechter Christen herangezüchtet haben und ihnen weisgemacht haben, sie könnten die Lüste und Sünden der Welt auskosten und hätten doch ein sicheres Ticket in den Himmel.

4. Irrlehrer fördern die Gottlosigkeit und den Abfall in der Christenheit

Der Mangel an Gottesfurcht und die Zügellosigkeit der Namenschristen mündet in der Endzeit, in der wir uns befinden, gesetzmäßig in die ausgereifte Form der Gottlosigkeit, den dreisten *Frevel.* Der enthemmte Mensch lehnt sich offen gegen Gott und Seine Gebote auf und lästert Ihn durch Rebellion, offenen Ungehorsam und freche Angriffe auf Heiligstes. Im Ansatz gab es diese Entwicklung schon zur Apostelzeit:

> *Die unheiligen, nichtigen Schwätzereien aber meide;* ***denn sie fördern nur noch mehr die Gottlosigkeit, und ihr Wort frißt um sich wie ein Krebsgeschwür.*** *Zu ihnen gehören Hymenäus und Philetus, die von der Wahrheit abgeirrt sind, indem sie behaupten, die Auferstehung sei schon geschehen, und so den Glauben etlicher Leute umstürzen. (2Tim 2,16-18)*

Diese Stufe der ausgereiften Bosheit finden wir in den abgefallenen Großkirchen schon lange, nun aber auch in der aus den Evangelikalen kommenden Strömung der Emerging Church, in der das stellvertretende Sühnopfer Jesu Christi und die Gnade Gottes teilweise offen gelästert und in den Schmutz gezogen wird. Davon redet prophetisch der Judasbrief:

> ***Diese aber lästern alles, was sie nicht verstehen;*** *was sie aber von Natur wie die unvernünftigen Tiere wissen, darin verderben sie sich. Wehe ihnen! Denn sie sind den Weg Kains gegangen und haben sich um Gewinnes willen völlig dem Betrug Bileams hingegeben und sind durch die Widersetzlichkeit Korahs ins Verderben geraten! Diese sind Schandflecken bei euren Liebesmahlen und schmausen mit [euch], indem sie ohne Scheu sich selbst weiden; Wolken ohne Wasser, von Winden umhergetrieben, unfruchtbare Bäume im Spätherbst, zweimal erstorben und entwurzelt,* ***wilde Wellen des Meeres, die ihre eigene Schande ausschäumen, Irrsterne, denen das Dunkel der Finsternis in Ewigkeit aufbewahrt ist.*** *(Judas 1,10-13)*

Wenn diese Ebene des Frevels und der Gottlosigkeit genügend weit verbreitet ist, dann ist auch das Gericht Gottes nicht mehr weit. Gottlosigkeit bedeutet im Endeffekt Glaubensabfall, widergöttliche Rebellion, die nicht mehr heilbar ist, sondern zum Gericht führt.

Von diesen hat aber auch Henoch, der siebte nach Adam, geweissagt, indem er sprach: »Siehe, der Herr ist gekommen mit seinen heiligen Zehntausenden, ***um Gericht zu halten über alle und alle Gottlosen unter ihnen zu strafen wegen all ihrer gottlosen Taten, womit sie sich vergangen haben,*** *und wegen all der harten [Worte], die gottlose Sünder gegen ihn geredet haben.« (Judas 1,14-15)*

Auf diesen vollendeten Glaubensabfall steuert die Namenschristenheit immer rascher und unaufhaltsam zu. Sie ist in gewissem Sinn schon längst abgefallen, aber der Abfall muß erst noch zu einem schrecklichen Höhepunkt ausreifen, bevor die Gerichte Gottes mit voller Wucht einsetzen.

Auf diesem Weg zum immer dreisteren und vollständigeren Abfall von Christus ist die Befürwortung und »Segnung« gleichgeschlechtlicher Beziehungen wie auch die Förderung gleichgeschlechtlicher »Pfarrer« oder »Bischöfe« ein markanter Einschnitt; ganz offen werden klare Aussagen des Wortes Gottes beiseitegeschoben und gebrochen, wie das vorher schon bei der Frauenordination der Fall war.

Weitere schlimme Markierungspunkte dieses zunehmenden Abfalls waren und sind z. B. die Abhaltung multireligiöser »Abendmahlsfeiern« und anderer gemischtreligiöser Zeremonien, bei denen die Namen heidnischer Götzen angerufen werden und das mit der Anrufung des Gottes der Bibel verbunden wird.

Schon der »Dialog zwischen den Religionen« ist eine schlimme Untreue und Verrat am Evangelium, aber die offene Vermischung der Religionen, bei der Christus mit Belial gleichgesetzt wird, ist eine so perverse Sünde gegen den Herrn und Sein Wort, daß das Gericht nicht mehr lange ausbleiben kann.

Zieht nicht in einem fremden Joch mit Ungläubigen! Denn was haben Gerechtigkeit und Gesetzlosigkeit miteinander zu schaffen? Und was hat das Licht für Gemeinschaft mit der Finsternis? Wie stimmt Christus mit Belial überein? Oder was hat der Gläubige gemeinsam mit dem Ungläubigen? Wie stimmt der Tempel Gottes mit Götzenbildern überein? ***Denn ihr seid ein Tempel des lebendigen Gottes, wie Gott gesagt hat: »Ich will in ihnen wohnen und unter ihnen wandeln und will ihr Gott sein, und sie sollen mein Volk sein«. Darum geht hinaus von ihnen und sondert euch ab, spricht der Herr, und rührt nichts Unreines an!*** *Und ich will euch aufnehmen, und ich will euch ein Vater sein, und ihr sollt mir Söhne und Töchter sein, spricht der Herr, der Allmächtige. (2Kor 6,14-18)*

Die Entwicklung der Weltchristenheit wie auch der anderen widergöttlichen Weltreligionen geht immer weiter auf die Verwirklichung der Prophetie von der großen Hure Babylon zu, die heute schon an Macht gewinnt und sich immer weiter ausgebreitet:

Und einer von den sieben Engeln, welche die sieben Schalen hatten, kam und redete mit mir und sprach zu mir: ***Komm! ich will dir das Gericht über die große Hure zeigen, die an den vielen Wassern sitzt, mit der die Könige der Erde Unzucht getrieben haben, und von deren Wein der Unzucht die, welche die Erde bewohnen, trunken geworden sind.*** *Und er brachte mich im Geist in eine Wüste. Und ich sah eine Frau auf einem scharlachroten Tier sitzen, das voll Namen der Lästerung war und sieben Köpfe und zehn Hörner hatte. Und die Frau war gekleidet in Purpur und Scharlach und übergoldet mit Gold und Edelsteinen und Perlen; und sie hatte einen goldenen Becher in ihrer Hand, voll von Greueln und der Unreinheit ihrer Unzucht, und auf ihrer Stirn war ein Name geschrieben: Geheimnis, Babylon, die Große, die Mutter der Huren und der Greuel der Erde. (Offb 17,1-5)*

Den Kern der Hure Babylon bildet schon seit Jahrhunderten die römisch-katholische Kirche. Seit dem Bündnis mit dem heidnischen Kaiser Konstantin war sie die untreue Frau, die auf dem Tier des römischen Reiches sitzt; auch der Hinweis auf die sieben Berge in V. 9 verweist auf Rom, die Stadt der sieben Hügel.

Aber in ihrer entfalteten Form muß diese Weltreligion ja alle Großen der Erde und alle Nationen in religiösen Taumel versetzen und beherrschen, und dieses Endstadium der Hure Babylon ist offenkundig noch zukünftig. Viele Ausleger sehen die Erfüllung dieser Prophetie in der Herausbildung einer Welteinheitsreligion unter Führung der römischen Kirche, und darauf laufen heute zahlreiche Entwicklungen zu.[10]

Die Vollendung des Abfalls wird sehr wahrscheinlich dann gegeben sein, wenn sich die babylonisch verführte Namenschristenheit offen und bewußt von Jesus Christus, wie Ihn die Bibel geoffenbart hat, lossagt und ihre Loyalität anderen Göttern zusichert, womöglich sogar dem Antichristen selbst.

Heute noch schrecken die falschen »Christen« vor diesem letzten Schritt zurück; sie verleugnen den Herrn Jesus Christus zwar in ihrer Lehre und Praxis; sie sündigen ständig gegen Ihn und treten Sein Wort mit Füßen – aber sie bekennen sich alle noch zu Ihm in ihren Glaubensbekenntnissen und Satzungen.

5. Das künftige Zorngericht Gottes wird alle Gottlosen treffen

Der 2. Thessalonicherbrief beschreibt die Szenerie, die sich in der Zeit vor der Entrückung der Gemeinde und vor dem Auftreten des Antichristen entwickelt:

> *Laßt euch von niemand in irgendeiner Weise verführen!* ***Denn es muß unbedingt zuerst der Abfall kommen und der Mensch der Sünde geoffenbart werden****, der Sohn des Verderbens, der sich widersetzt und sich über alles erhebt, was Gott oder Gegenstand der Verehrung heißt, so daß er sich in den Tempel Gottes setzt als ein*

10 Zur katholischen Kirche vgl. u. a. J. M. McCarthy, *Das Evangelium nach Rom.* (Bielefeld: CLV 1996); D. Hunt, *Die Frau und das Tier* (Bielefeld: CLV 2. Aufl. 1998).

Gott und sich selbst für Gott ausgibt. Denkt ihr nicht mehr daran, daß ich euch dies sagte, als ich noch bei euch war? Und ihr wißt ja, was jetzt noch zurückhält, damit er geoffenbart werde zu seiner Zeit. ***Denn das Geheimnis der Gesetzlosigkeit ist schon am Wirken, nur muß der, welcher jetzt zurückhält, erst aus dem Weg sein; und dann wird der Gesetzlose geoffenbart werden,*** *den der Herr verzehren wird durch den Hauch seines Mundes, und den er durch die Erscheinung seiner Wiederkunft beseitigen wird ... (2Thess 2,3-8)*

Wir leben heute in der *vor-antichristlichen Zeit*. In der Weltpolitik wie auch in der Christenheit und den Weltreligionen wird heute durch das unsichtbare Wirken des Satans allmählich alles vorbereitet und aufgebaut, was sich dann abspielen wird, wenn die Gemeinde nicht mehr auf der Erde ist.

Die *Gesetzlosigkeit*, die Auflehnung gegen alle Gebote und Ordnungen Gottes, erreicht heute erschreckende Ausmaße. Die Verherrlichung gleichgeschlechtlicher Beziehungen und aller möglichen anderen Abweichungen von Gottes Eheordnung (»Transgender«-Kult, Gender Mainstreaming) ist ein düsteres Signal, ebenso die Erhebung der willkürlichen Tötung ungeborener Kinder in den Rang eines »Menschenrechts«. Gegen die humanistische Religion von »edlen, guten Menschen« bezeugt das Wort Gottes:

Sie sind alle abgewichen, sie taugen alle zusammen nichts; da ist keiner, der Gutes tut, da ist auch nicht einer! Ihre Kehle ist ein offenes Grab, mit ihren Zungen betrügen sie; Otterngift ist unter ihren Lippen; ihr Mund ist voll Fluchen und Bitterkeit, ihre Füße eilen, um Blut zu vergießen; Verwüstung und Elend bezeichnen ihre Bahn, und den Weg des Friedens kennen sie nicht. Es ist keine Gottesfurcht vor ihren Augen. (Röm 3,12-18)

Selbst die grundlegendsten Schöpfungsordnungen Gottes werden heute angetastet und umgestürzt; an die Stelle einer gewissen Scheu vor Gott und Seinen Geboten, die früher noch in unterschiedlichem Ausmaß die Führungsschicht der »christlichen«

Länder des Abendlandes kennzeichnete, tritt nunmehr freche Selbstvergottung und Verabsolutierung des Menschen als das Maß aller Dinge. Gut ist, was dem Menschen nutzt und seine »freie Selbstentfaltung« fördert; alles, was die sündigen Lüste der Menschen einschränkt und ihrem selbstherrlichen Treiben im Weg steht, muß gestürzt werden.

Diese antichristlichen Tendenzen gehen heute maßgeblich von der UNO aus, die ein Zentrum widergöttlicher Bestrebungen ist, aber auch von der Spitze der EU, die als Nachfolger des Römischen Reiches nach dem prophetischen Wort der Bibel eine gewichtige Rolle bei der Entfaltung des Antichristen spielen wird.

Die wahre Gemeinde Jesu Christi, die nach den Worten des Herrn das Licht der Welt und das Salz der Erde ist (vgl. Mt 5,13-16), hält durch ihre Gebete für die Obrigkeit und alle Menschen (1Tim 2,1-2) wie durch ihr Zeugnis die volle Entfaltung der antichristlichen Tendenzen heute noch auf.

Wie wichtig ist unser Gebet für diese Welt, für die Regierenden, für die verirrten Menschenseelen, die immer rascher auf den Abgrund hintreiben! Wir müssen in der Endzeit lernen, viel mehr, viel ernstlicher und dringlicher zu beten, damit der Vormarsch des Bösen noch aufgehalten werden kann und noch Menschen errettet werden, bevor der schreckliche Gerichtstag des Herrn kommt!

> *So ermahne ich nun, daß man vor allen Dingen Bitten, Gebete, Fürbitten und Danksagungen darbringe für alle Menschen, für Könige und alle, die in hoher Stellung sind, damit wir ein ruhiges und stilles Leben führen können in aller Gottesfurcht und Ehrbarkeit; denn dies ist gut und angenehm vor Gott, unserem Retter, welcher will, daß alle Menschen gerettet werden und zur Erkenntnis der Wahrheit kommen. Denn es ist* ein *Gott und* ein *Mittler zwischen Gott und den Menschen, der Mensch Christus Jesus, der sich selbst als Lösegeld für alle gegeben hat. (1Tim 2,1-6)*

Wenn nach der Entrückung der Gemeinde der eigentliche Antichrist, der »Mensch der Sünde« offenbar wird und die glaubenslose Namenschristenheit den Abfall von Christus vollendet und sich offen von dem Herrn losgesagt hat, um als vollendete »Hure Babylon« dem Antichristen zu dienen (vgl. Offenbarung 17 und 18), dann ist die Stunde für Gottes Zorngericht gekommen.

Dann setzt der schon von den alten Propheten vorhergesehene »Tag des HERRN« mit schrecklicher Macht ein; die übernatürlichen Gerichte Gottes, die im Buch der Offenbarung geschildert werden, treffen dann die frevelhaften Menschen, die unter der Verführung des Teufels verstockt und wie verblendet einem sündigen Taumel verfallen sein werden.

Auf dem Höhepunkt dieser Gerichte wird der Messias selbst eingreifen, der Herr Jesus Christus, der König der Könige und Herr aller Herren. Er wird begleitet sein von Heerscharen heiliger Engel, aber auch von der geläuterten und verherrlichten Brautgemeinde. Er wird den Antichristen töten mit dem Hauch Seines Mundes; Er wird die Heidenvölker schlagen, die Sein Volk Israel bedrängen, und wird den bekehrten Überrest Israels erretten.

Er wird mit flammendem Feuer Gericht üben an allen Gottlosen der Welt, nicht zuletzt in den Regionen des ehemaligen »christlichen Abendlandes«, wo so viele von Ihm wußten und Ihn dennoch verwarfen. Das finden wir schon im AT angekündigt:

> ***Und ich werde an der Erde ihre Bosheit heimsuchen und an den Gottlosen ihre Schuld;*** *und ich will die Prahlerei der Übermütigen zum Schweigen bringen und den Hochmut der Gewalttätigen erniedrigen. (Jes 13,11)*

> *Wie Rauch vertrieben wird, so wirst du sie vertreiben;* ***wie Wachs vor dem Feuer zerschmilzt, so werden die Gottlosen vergehen vor dem Angesicht Gottes!*** *(Ps 68,3)*

> ***Siehe, als ein Sturmwind des HERRN ist der Grimm losgebrochen, und ein wirbelnder Sturmwind wird sich auf das Haupt der Gottlosen entladen!*** *Der Zorn des HERRN wird sich nicht abwenden, bis er die Gedanken seines Herzens vollbracht und ausgeführt hat. Am Ende der Tage werdet ihr es erkennen und verstehen! (Jer 23,19-20)*

Das Zorngericht, das Er ausüben wird, wird alle Frevler verschlingen wie ein reißender Strom, wie ein verzehrendes Feuer.

> *Sie sind ein Anzeichen des gerechten Gerichtes Gottes, daß ihr des Reiches Gottes würdig geachtet werdet, für das ihr auch leidet; wie es denn gerecht ist vor Gott, daß er denen, die euch bedrängen, mit Bedrängnis vergilt, euch aber, die ihr bedrängt werdet, mit Ruhe gemeinsam mit uns,* ***bei der Offenbarung des Herrn Jesus vom Himmel her mit den Engeln seiner Macht, in flammendem Feuer, wenn er Vergeltung üben wird an denen, die Gott nicht anerkennen, und an denen, die dem Evangelium unseres Herrn Jesus Christus nicht gehorsam sind. Diese werden Strafe erleiden, ewiges Verderben, vom Angesicht des Herrn und von der Herrlichkeit seiner Kraft****, an jenem Tag, wenn Er kommen wird … (2Thess 1,5-10)*

Im Bewußtsein dieses kommenden Weltgerichts sollten alle wahren Kinder Gottes besonnen, gerecht und gottesfürchtig leben in dieser bösen Weltzeit, und sich unbefleckt halten von dem gottlosen Treiben der Welt. Das bezeugt der Apostel Petrus sehr ernst, und wir wollen uns seine Worte noch einmal in Erinnerung rufen:

> *Es wird aber der Tag des Herrn kommen wie ein Dieb in der Nacht; dann werden die Himmel mit Krachen vergehen, die Elemente aber vor Hitze sich auflösen und die Erde und die Werke darauf verbrennen.*
>
> ***Da nun dies alles aufgelöst wird, wie sehr solltet ihr euch auszeichnen durch heiligen Wandel und Gottesfurcht, indem ihr das Kommen des Tages Gottes erwartet und ihm entgegeneilt,*** *an welchem die Himmel sich in Glut auflösen und die Elemente vor Hitze zerschmelzen werden! Wir erwarten aber nach seiner Verheißung neue Himmel und eine neue Erde, in denen Gerechtigkeit wohnt. Darum, Geliebte, weil ihr dies erwartet, so seid eifrig darum bemüht, daß ihr als unbefleckt und tadellos vor ihm erfunden werdet in Frieden! (2Pt 3,10-14)*

Herder, Schriften zur Literatur 1–5
ISBN 3-351-00610-1
Bd. 2/1-2
ISBN 3-351-01394-9
Bd. 2/1
ISBN 3-351-01395-7

1. Auflage 1990

Typographie Gisela Fischer/Katharina Hertel
Gesamtherstellung Offizin Andersen Nexö,
Graphischer Großbetrieb, Leipzig III/18/38
Printed in the German Democratic Republic
Lizenznummer 301.120
Bestellnummer 614 003 3

wahr, da die Helden, so weit sie über die menschliche Natur erhoben sein mögen, doch in dem Gefühle der Betrübnis und in der Äußerung derselben durch Tränen derselben treu bleiben, treuer bleiben als wir, bei denen dies sanfte Gefühl entweder erstickt oder in eine weibische Üppigkeit umgeschmolzen wird. Zurück also in diese Welt setze ich mich, wenn ich die Helden Homers und die griechischen Tragödien mit ganzer Seele fühlen will: allein auf Griechenland möchte ich dies Gefühl nicht einschränken; denn wohin das beschriebene menschliche Zeitalter trifft, da auch dies Gleichgewicht zwischen Tapferkeit und Empfindung; und dies, dünkt mich, ist überall das Zeitalter zwischen der Barbarei eines Volks und zwischen der zahmen Sittlichkeit, dem höflichen Schein, in dem wir leben. In diesem stirbt auf gewisse Art Vaterland, Ehre, Geschlecht, Freund und Mensch ab, und mithin erstirbt auch hierum das Gefühl und die Äußerung desselben, die Träne.

Aber die Empfindung des körperlichen Schmerzes, kann die sich ändern? Ein Schlag bleibt ein Schlag, Wunde bleibt Wunde, eine Ohrfeige eine Ohrfeige, und wird es, solange die Welt steht, bleiben. Es ist also nicht der nämliche Fall dieser mit den vorigen Empfindungen, und unser weichlicher Zustand hat vielmehr das Gefühl der Schmerzen unendlich und oft zum Weibischen erhöhet. Hiernach muß es also umgekehrt sein, daß, wenn ein griechischer Theseus, Herkules, Philoktetes einen Schmerz, eine Wunde einmal fühlet, so müßte ein Sybarit unsrer Zeit ihn siebenfach fühlen, und wenn also „das Schreien der natürliche Ausdruck des körperlichen Schmerzes, das Recht der leidenden Natur, ein Charakterzug griechischer Helden sein soll“, so folgt, daß, wenn jener *einmal*, der unsre bei siebenfach heftigerer Empfindung auch siebenfach stärker schreien dörfte und sollte, um — ein Held des Homers zu sein.

Wie sollte es denn nun gekommen sein, daß „wir feinern Europäer einer klügern Nachwelt gelernt haben, über unsern Mund und Augen zu herrschen“, und uns also so grausam das Privilegium der leidenden Natur versaget haben? Wenn wir die Empfindungen für Vaterland, Freund, Geschlecht, und also auch Laokoons Schmerzen und Geschrei mit der Waage des dichterischen Genies zugewogen [haben], mit der er sie dem Philoktet zuwiegt. Nun lasset einen weisen griechischen Künstler von einem weisen griechischen Dichter diesen Gegenstand geborgt, lasset ihn die Manier des theatralischen Gemäldes genutzt und von Sophokles' Laokoon so gelernt haben, als Timanthes vom Euripides die weise Verhüllung Agamemnons lernte: so dünkt mich, ich sähe die Waage des Ausdrucks eben auf dem Punkt, auf dem sie bei dem Laokoon des Künstlers schwebet. Das Maß des Seufzers ist ihm zugewogen. „Der Schmerz, welcher sich in allen Muskeln und Sehnen des Körpers entdecket und den man ganz allein, ohne das Gesicht und andre Teile zu betrachten, an dem schmerzlich eingezognen Unterleibe beinahe selbst zu empfinden glaubt; dieser Schmerz, sage ich, äußert sich dennoch mit keiner Wut in dem Gesichte und in der ganzen Stellung. Er erhebt kein schreckliches Geschrei, wie Virgil von seinem Laokoon singt; die Öffnung des Mundes gestattet es nicht: es ist vielmehr ein ängstliches und beklemmtes Seufzen, wie es Sadolet beschreibt. Der Schmerz des Körpers und die Größe der Seele sind durch den ganzen Bau der Figur mit gleicher Stärke ausgeteilet und gleichsam abgewogen. Laokoon leidet, aber er leidet wie des Sophokles Philoktet: sein Elend gehet uns bis an die Seele; aber wir wünschten, wie dieser große Mann das Elend ertragen zu können." Ich kenne nichts Würdigers als diese Worte, und der römische Dichter, der Nachahmer Homers, kommt also gar nicht ins Spiel.

Ich sehe, daß ich bisher bloß in kritischen Materien aufgeräumt habe, die Herr Lessing seinem „Laokoon" hat zum Grunde legen wollen, füglich aber auch dem Hauptinhalt seines Buchs unbeschadet hätte auslassen können. Es ist Zeit, meine Leser aus dem kritischen Schutte hinweg-, zu diesem Hauptinhalte selbst näher hinanzuführen und –

Tiresias' Willen überraschet werden können, wenn „unsichtbar sein der natürliche Zustand der Götter" wäre?

Wie der Pallas: so ging es auch der badenden keuschen Diana. Kalydon sah sie, ebenfalls wider seinen und der Göttin Willen, und ward zu Steine. So ging es selbst dem Jupiter, da er in seinem liebsten Vergnügen einmal seine Wolke vergessen hatte. Er ward, da er bei der Rhea schlief, von Haliakmon, wider Willen seiner und seiner geliebten Beischläferin und seines Überraschers, in seiner Schäferstunde gestört – wie das, wenn „unsichtbar sein der natürliche Zustand der Götter" wäre?

Ich will solche gestörte Schäferstunden der Götter und Göttinnen nicht aufzählen. Meine Muse ist diesmal nicht so wie die Schwester des Amors, die

– – wie die Mädchen alle tun,
Verliebte gern beschleichet. –

Ich führe, statt aller, das Epigramm aus der Anthologie an, in seinem einfältigen Scherze, in seiner naiven Schalkheit: „Werde ja niemand in meinen Wassern eine der Najaden oder die Venus mit ihren Grazien nackt gewahr, selbst wenn es ohne Vorsatz sein sollte; denn immer ist nach Homers Ausspruche der offenbare Anblick der Götter gefährlich, und wer darf Homer widersprechen?" * Um die verborgne Schalkheit einzusehen, die in diesem Epigramm liegt, merke man sich den Doppelsinn, der in dem Worte „*offenbarer* Anblick" liegt; der Epigrammatist meint *nackt*, Homer meint „ohne fremde Einkleidung, wie die Götter sind". Die Stelle Homers bestätigt also unsere Meinung und scheint gar ein Axiom in der griechischen Mythologie geworden zu sein.

Juno nämlich, die dem Achilles zu Hülfe will, macht den Lehrspruch, daß, wenn Achilles einen Gott gegen sich sehen würde, so *müßte* er erschrecken: denn „fürchterlich ist der Anblick der Götter, wenn sie offenbar (wenn sie ohne menschliche Einhüllung) erscheinen." ** Wie ist unsichtbar sein also ihr natürlicher Zustand?

* „Anthologia [Graeca]", liber IV, caput 19, epigramma 33.

** Iliade *Y* [„Ilias" XX], v. 131: χαλεποὶ δὲ θεοὶ φαίνεσθαι ἐναργεῖς.

Bogen des Pandarus malen will und uns erst auf die Jagd des Steinbocks führet, aus dessen Hörnern der Bogen gemacht worden, und uns erst den Felsen zeigt, wo ihn Pandarus erlegt, und nun erst die Hörner des Steinbocks längelang ausmißt, nun erst sie in Arbeit gibt, nun erst uns jeder Arbeit des Künstlers zuschauen läßt – wer kann sagen, Homer habe das Sukzessive seiner Beschreibung der Natur des Koexistenten gleichsam näherbringen und die Teile des Bogens mit dem Flusse der Rede Schritt halten lassen! Statt daß sie durch diese Homerische Manier näher zusammenkommen sollten, sehe ich sie sich weiter hinaus zerstreuen; unter vielen andren fremden Zügen (Jagd, Steinbock, Ort des Erhaschens, Ort der Verwundung, Lage des gefällten Steinbocks, Werkstätte des Künstlers) liegen sie versteckt, und hätte Homer mit seiner Geschichte des Bogens darauf gezweckt, um mir nachher mit *einmal* alle Teile des Bogens anschaulich zu geben: so hätte er eben den schlechtesten Weg genommen. Meine Phantasie wenigstens hat sich der Geschichte überlassen, dem Pandarus einen Bogen zu zimmern; aber ihn sich nachher in allen seinen Teilen auf *einmal* zu denken, die fremden Züge in der Geschichte erst wegzulassen – welche Mühe! welche Absonderung! „Homer malet den Schild Achilles' in mehr als hundert prächtigen Versen, nach seiner Materie, nach seiner Form, nach allen seinen Figuren, welche die ungeheure Fläche desselben füllten, so umständlich, so genau, daß es neuen Künstlern nicht schwer gefallen, eine in allen Stücken übereinstimmende Zeichnung darnach zu machen. Er malet dies Schild nicht als ein fertiges vollendetes, sondern als ein *werdendes* Schild. Er hat also auch hier sich des beschriebenen Kunstgriffes bedienet, das Koexistierende seines Vorwurfs in ein Konsekutives zu verwandeln und dadurch aus der langweiligen Malerei eines Körpers das lebendige Gemälde einer Handlung zu geben."* Feine Bemerkung! richtiger Gegensatz mit Virgilen! Ob aber Homer dies *Werden* des Schildes ergriffen, um gleichsam mit dem Konsekutiven ein Koexistierendes zu liefern? ob er „die mehrern Züge für die verschiedenen Teile und Eigenschaften im Raume in einer gedrängten Kürze

* „Laokoon", p. 183, 184 [111].

Gilt erstlich auf die Frage: Warum ist in den schönen Künsten und Wissenschaften der Ekel nicht schön? die Ursache so allgemein nicht, weil der Ekel bloß den dunkeln Sinnen zukommt*; denn dem dunkelsten Sinne unter allen, dem Gefühle, kommt er nicht zu.

Noch minder ist der Widerwille, den Häßlichkeit wirket, so gänzlich von der Natur des Ekels, als Herr Lessing meinet**; denn Häßlichkeit äußert sich bloß dem Auge, Ekel eigentlich nur dem Geschmacke.

Am mindesten also kann sich zur Nachahmung das Ekelhafte vollkommen so wie das Häßliche verhalten.*** Lasset uns jede der dreierlei Nachahmungen des Lächerlichen, Häßlichen, Ekelhaften durchfragen.

23

Das Häßliche kann in der Dichtkunst gebraucht werden, um das Lächerliche zu erwecken, und, wie gesagt, hat die Dichtkunst alsdenn in Veranstaltung der Formen keine andre Einschränkung als Wahrscheinlichkeit und Gleichgewicht des Kontrasts, nämlich das scheinbar Schöne. Aber das Häßliche ein Ingrediens des Lächerlichen bei dem Maler? Kann der Maler sein Häßliches in Kontrast des seinwollenden Schönen setzen, daß das Lächerliche hervorblickt: so wohl. Da dies aber selten ist, da selbst bei der geistreichsten Hogarthschen Komposition die Malerei immer augenscheinlicher häßliche Formen als den lächerlichen Kontrast durch häßliche Formen schildert: so bleibt sie gleichsam [zu] körperlich, um dem Dichter des Lächerlichen folgen zu können. Der Dichter trifft den Geist des Lächerlichen durch das Häßliche; der Künstler bleibt am Körper des Häßlichen kleben – und die Hauptsache ist unsichtbar. Jener stimmt meine Seele, und mein Mund lachet willig; dieser kitzelt mich *häßlich*, und ich soll lachen!

Das Häßliche zum Schrecklichen? Nichts! in Poesie und Malerei nichts. Will aber der Dichter *Abscheu* erregen: eine

* Literaturbriefe, Teil 5, ebendaselbst, [82. Brief, p. 101]. – [Mendelssohn].
** „Laokoon", p. 247 [147].
*** „Laokoon", p. 258 [148].

Charakter auch lachen? Wenn am rechten Orte, wenn im gehörigen Maße, wenn zu Erreichung des epischen Zwecks – warum nicht? *Der erste Unterschied*, den Herr Klotz nicht beobachtet: *Lachen* und *lächerlich sein*, d.i. zum Lachen dastehen – welch ein Unterschied!

Zweitens: Die Würde der epischen Hauptperson, gebührt die auch jeder Figur, die in der Epopee auftritt? Unmöglich! und eben bei keinen zwoen Personen muß diese Würde ganz gleich sein. Einige müssen, eben um die Würde epischer Helden ins Licht zu setzen, mit ihnen kontrastieren und Unhelden sein: Unkraut unter dem Weizen und Satane um der Engel willen. Wenn es also *einen* Achilles geben kann, den Tapfersten der Männer vor Troja, wenn mit ihm tausend Helden, die stufenweise an Tapferkeit heruntersteigen; warum nicht auch einen feigen Thersites. Wenn so viel edle, schöne, würdige Seelen; warum nicht auch eine die häßlichste unter allen, die vor Troja gekommen waren? Diese, das Bild der Unedlen unter den Griechen, kann mit der gehörigen epischen Erhöhung so gut und zweckmäßig im Gedichte erscheinen als unter den Griechen vor Troja die Unedlen. Wenn in einem Trauerspiele schon nicht lauter Helden sein müssen, so konnte in der weit größern Welt von Menschen, die Homer in der Iliade schuf, auch ein Thersites sein müssen. Wird seine Einwirkung mit den übrigen Gewichten der Iliade nur zusammen gewogen, erscheint er an Orte und Stelle, nicht ohne Nutzen, mit Zwecke – vortrefflich! – Dies ist *der zweite* versäumte *Unterschied. Die Würde der Epopee fällt auf das Ganze des Gedichts, auf jede einzelne, insonderheit jede Nebenperson nur in dem Maße, in welchem sie zum Ganzen beiträgt*: so muß gravitas epici carminis berechnet werden.

Nun hat, und wer weiß das nicht? die Proprietät, die Eigenheit des epischen Werks im Ganzen nichts weniger als das Lächerliche zum递tone; aber kann nicht ein Belachenswertes in einem Teile zur Kongruenz des Ganzen gehören und ein Thersites, ein Dämon mit zur Harmonie des Werks einstimmen? Nichts ist hier so sonderbar, als eine Szene herauszuheben, ohne zu betrachten, wie sie mitten im Verfolge sich ausnimmt oder, besser zu sagen, sich fortdränget, sich aus an-

rat, der nicht aus der Sache selbst entspringet, der erst gesucht werden muß, ist Fehler; wir suchen also eine *innere* Bereicherung der Poesie *in ihrem Wesen statt der Mythologie.*

„Entdeckungen der Naturlehre!" Allerdings! wenn sie so bekannt, so fähig der poetischen Sprache, so reich an Bildern, so anschaulich sind – als die Mythologie; allerdings! So verschwinde jene, wie Schatten gegen die Sonne, wie Fabel gegen die Wahrheit: und die Schöpfung eines Newtons, Neuentyts, Swammerdams, Buffons, Reaumurs, Tourneforts und Hallers trete an die Stelle des Fabelkrams eines Apollodors oder Natalis Comes. Aber zu welcher eigentlichen Funktion soll sie dahin treten? Einzelner *Gleichnisse*, *Bilder* halber? Mit Vergnügen erinnere ich mich zwar der seligen Augenblicke, die mir die tiefen Naturgleichnisse eines Hallers, die unerwarteten Arzneigleichnisse eines Withofs, der fast ganz aus dieser Welt von Wissenschaften gedichtet, die fast immer ökonomischen Bilder eines Dyers gebracht haben; aber mit Mißvergnügen auch der unseligen Augenblicke, die mir die gelehrt sein sollenden Gleichnisse eines Curtius u. a. erwecket. Bloß als Gleichnisse betrachtet, sind die Offenbarungen der neuern Naturkunde lange nicht so des Lichts der Anschauung fähig, oft so schwer poetisch und ohne Kunstsprache auszudrücken; so oft über die Sphäre des common sense unsrer Zeit, für welchen doch Gedichte geschrieben werden müssen, erhoben; so oft für diesen ohne Kommentar dunkel, und wer will über ein Gleichnis denn einen Kommentar lesen? endlich weit seltner an die eigentlichen Gegenstände der poetischen Welt grenzend, um ein Drittes der Vergleichung zu haben, das beide nahe zusammenbringe – und das waren sie bloß als Gleichnisse. Gleichnisse aber sind höchstens in Lehrgedichten das Wesen der Poesie; Gleichnisse aber sind gewiß nicht der wichtigste Gebrauch der Mythologie; Gleichnisse also machen hier keinen Gegensatz, nicht die Mythologie unnötig, nicht die Naturlehre zur Mythologie.

Fabel, Dichtung, Handlungen, die bis zur Täuschung eindringen, sind das Wesen der Dichtkunst, und wie weit weniger kann hier die Naturlehre zutragen? Kann sie der Epopee und Heldenoper Maschinen schaffen, die mit der Individualität,

cunque impudicus, adulter, ganeo, manu, ventre, *pene*, bona patria laceraverat‘, says Sallust in one of the gravest and most moral passages of this history. ‚Nam fuit ante Helenam cunnus teterrima belli causa‘, is an expression of Horace in tracing the origin of moral good and evil“* usw. Mit solchen Beispielen fährt der Philosoph fort zu zeigen, daß die Römer oft unschamhaft gewesen, auch wo sie nicht schamlos, nicht unkeusch sein wollten: und eben solche Beispiele müssen die Horizonthöhe einer römischen Sittsamkeit bestimmen, wenn man nicht bloß in die Welt hinein tadeln oder loben will.

Auch hier hielten die Griechen eine gewisse schöne Mitte zwischen Morgenländern und Römern. Die asiatische Hitze, in etwas abgekühlt durch die europäische Mäßigkeit, bestimmte eben den mittlern Ton einer warmen Liebe, einer sanften Wohllust, der Materien dieser Art bei ihnen durchgängig zu charakterisieren scheint. Vielleicht hat keine Sprache der Welt ein so süßes Wörterbuch der Liebe, keine Nation eine Menge so einfältig unschuldiger Liebesgemälde, kein Zeitpunkt der Politur vielleicht die Urbanität auf den simpeln und feinen Weltgenuß zurückgeführt, als der ἀστεισμός der Griechen. Die Liebesschilderungen ihrer Poeten, die Menschheitsgesetze ihrer *besten* Philosophen, die historischen Gemälde ihrer Lebensart in den besten Zeiten sind so sehr in den Schranken der schönen, unschuldig einfältigen Natur, als sie von unsrer heutigen Galanterie und Politesse und Hofartigkeit entfernt sein mögen. Ich wünsche dem Schriftsteller griechisches Gefühl, der über die Schamhaftigkeit Homers schreiben will**: so wie ich's einem andern, sonst feinen und schätzbaren Kenner gewünscht hätte, da er von den Sitten griechischer Dichter zu schreiben unternahm.***

Ich weiß, daß ich in Beispielen dieser Art nicht bloß die galanten Herren, sondern auch manche fromme Ehrbarkeitspedanten unsrer Zeit gegen mich haben würde, die mit dem ehrbaren Schriftsteller, über den ich schreibe, oft gnug ausrufen

* „Essays [and Treatises on several Subjects]“, [1764], vol. I, [Essay XIV], „On [Of] the Rise [and Progress] of [the] Arts and Sciences“, p. 181 etc. (140, 141].

** Harlesii „De verecundia Homeris“ libellus promissus.

*** [Clodius], „Über die Sitten der griechischen Dichter“, [„Versuche aus der Literatur und Moral“], Teil 1 [1767].

unwichtig wichtig in der Charakteristik jeder einzelnen Neigung und seines eignen Temperaments, daß eben diese Miene ja der Ton des ganzen Stücks wird. Wie würde sich nun der urbane Römer freuen, wenn er sein schalkhaftes Selbstlob so ciceronianisch kommentiert läse: „Si tuum, inquit, docte Maecenas, iudicium accesserit, si tibi placuerint carmina mea, tuque me in lyricorum, quos Graecia admirata est, numerum retuleris, tum mihi beatissimus videbor, tum nihil ad gloriam, ad laudem, ad felicitatem meam addi poterit: quemadmodum simili sensu dicitur: *coelum digito attingere*. Vide de formula Schraderum in Observationes ad Musaeum, capitulum 10, pagina 203" etc.* Wenn er sich so ehrbar ausgelegt sähe, wie würde er lächeln? oder vielmehr, wie würde er uns über unsre gelehrten Ausleger bedauren?

Denn nun wird der Ode ihr Geist, die lebendige Grazie der Anschaulichkeit genommen, der Ton eines Liedes verfehlt und Sinn und Leben und Affekt und *alles* verfehlt. Was ist unangenehmer als ein musikalisches Stück in einer widersinnigen Temperatur und ein Gedicht im widersinnigen Tone zu lesen! weg mit dem Leiern! Hat Horaz ein ernsthaftes, vollständiges, gründliches Bild von der Mannigfaltigkeit menschlicher Charaktere geben wollen: wie ungründlich, unvollständig, wie sehr von einer Nebenseite, wie oft nahe am Kindischen? Hat Horaz seine Dichtergabe und seine Dichtergesinnung ernsthaft und vollständig schildern wollen: unausstehlich! kleingroß, kindisch! Ein Lorbeerzweig soll ihn unter die Götter versetzen; die Nymphen und Satyren sollen poetische Phrases für seine lyrische Begeisterung sein; wenn Maecen seinen Namen in sein Dichterbuch einträgt, will er mit seiner Scheitel an die Sterne! — O der Tor! und mit aller phraseologischen Auslegung noch ein Tor! Die Laune der ganzen Ode ist weg: sie ist ein unausstehliches Dichterexerzitium!

Ich will nicht nachblättern, ob mehrere die Ode so weise kommentiert: vermutlich! Denn was ist doch für das Heer der Scholiasten und Wortkommentatoren eine unerhörtere Sache, als auf Laune, auf Stimmung des Dichtertons zu merken? Aber das weiß ich, daß ich mit Mitleiden die kritische Tortur

* [A. a. O.], p. 66.

seinen eingebildeten Wert so sicher rechnet als der Kaufmann auf seine Papiere – wie? ist's da dem Patrioten so unverzeihlich, wenn er auch in der Gegenstimme ausschweift? wenn er seinen rechtmäßigen Tadel mit Feuer sagt? O sollte mancher soviel zurückzahlen müssen, als er unrecht zu empfangen gewußt, wieviel ist er noch schuldig? – Und zudem, ist hier wohl die Hälfte der Ungezogenheiten, die die Klotzische „Bibliothek" gegen die besten Schriftsteller Deutschlandes bewiesen? und ist bei einem Klub, wo sanfte Kritik den Lauf des Mutwillens nicht stören kann, ein andrer Weg möglich?

„Aber warum namenlos, aus dem Dunkeln hervor?" Habe ich's nicht schon gesagt: mein Name ist keine Sünde! War mein Buch wider den Charakter der Ehrlichkeit seines Schriftstellers, war es wider die Religion und den Staat: so ging es die Zensur [an], so sollte es nicht gedruckt werden! Und in diesem Fall allein ist der Name des Schriftstellers und seine Person in sein Werk verflochten! – Aber nun! nichts als kritische Streitigkeiten, Ventilationen dieser und jener Frage, Zergliederungen von Schriften, um den Wert und Unwert derselben zu zeigen – wozu da der Name? Der Verfasser darf ihn nicht und wird ihn auch nie entdecken, er wird nie das Buch unter die Kinder seines Namens aufnehmen: denn es war nicht dazu. Es war bloß für eine Zeitverbindung geschrieben, die der Literatur schädlich ward; in einem Tone geschrieben, der für das Ohr dieser Zeitverbindung eingerichtet war; über Sachen, wovon damals jeder sprach und schwatzte. Er kann also wohl einmal einzelne Materien ausheben und für die seinigen erkennen, die etwa dauren können: der Wald selbst aber hat keinen Namen – ἀγώνισμα μᾶλλον, οὐ κτῆμα ἐς ἀεί.

scher Halbwahrheit oder schöner halbwahrer Dichtung! Und was diese Mischung einen langen mythologischen Gesang hinunter, das ist sie, wenn eine neue Begebenheit hinter eine halb andeutende Allegorie versteckt wird, auf einer Münze, auf einem Denkmale für die Nachwelt.

Eben dazu ist's schon, daß die Neuern ihren Medaillenvorstellungen eine größere Fläche als je die Alten eingeräumt haben. Möchten sie nur auch die historische Begebenheit so kurz, so anschaulich, so entladen von entbehrlichen Nebenumständen, von Zieraten aus einer fremden Zeit und von verwirrender Dichtung vorstellen; möchten sie nur, statt immer neue Vorstellungen zu erkünsteln, bei wiederkommender Veranlassung auch gute, obgleich schon gebrauchte Abbildungen wiederholen und das Individuelle des gegenwärtigen Falls nur so leicht bestimmen als möglich: freilich, so könnten wir, weil sich auch unsre Welt von Merkwürdigkeiten doch so oft wiederholet, auch einmal zu einer *für uns eignen* Ikonologie kommen, so bestimmt als die Antike in ihrer Art; nur freilich ein gut Teil historischer, politischer, detaillierter.

4. Die vorzustellenden *Personen* nehmen in etwas an dieser Schwürigkeit teil. Wenn es in den mittlern Zeiten reichsgängig war, den Kaiser *sitzend* auf einem halben Zirkel oder auf einem Tore zwischen zween Türmen abzubilden, als wären die Füße dem Bauche entwachsen, wer dörfte da bei solcher kaiserlichen majestätischen Stellung nicht an die Miene Vespasians beim Sueton gedenken: velut nitentis! Er mit Kron und Zepter, Schwert und Reichsapfel – einen Fürsten mit Helm und Panzer, in seiner Hermelindecke und Hermelinmütze, mit Fahn und Wappen reitend – der Bischof mit Hut und Stab und Kreuz und Oberrock – drei Heilige auf einer Zürchermünze, mit einem Nimbus oben statt des Haupts, das jeder Rumpf zum Zeichen ihres Märtrertums in der Hand hält. – Diese erzwungene Tracht und Stellung, die fast jedes Land des guten Herkommens wegen seinen Fürsten und Herren gibt, durchlaufen; und denn an das freie Kopfbild eines Alexanders zurückgedacht – welch ein Unterschied! wo wohnt das freie Schöne?

Mich wundert, wie Herr Klotz über die geharnischten

II
[PROBEN VON DER GRÜNDLICHKEIT UND UNPARTEILICHKEIT DES KRITISCHEN URTEILS DER „ACTORUM"]

Ob das kritische Urteil des Herrn Klotz in alle dem Vielfachen, worüber er urteilt, überall gleich gründlich und unparteiisch sei? – gründlich und unparteiisch zugleich? – – Ich glaube, der Leser wird die Wahl haben – –

„Acta litteraria", vol. I, pars I: Die einzige Rezension dieses Stücks, die Geschmack betrifft, wäre die über Herrn Harles' „Vitas Philologorum, nostra aetate clarissimorum"*; wie aber hat Herr Klotz diese Lebensbeschreibungen mit so vielem Lobe, ohne die geringste Erörterung ihres historischen Baues oder, wie man jetzt spricht, ihrer historischen Kunst, als einen zweiten Nepos in die Welt senden können?

Ich nehme z. E. das Richtmaß, nach welchem die „Bibliothek"**, die unter des nämlichen Herrn Klotz Aufsicht geschrieben wird, die Nicolaische Biographie Abbts beurteilt, und halte es an die Biographie, die Harles von (nun, wer kann sich mit allem kalten Blute denn rechtlicher und billiger unter den philologis nostra aetate clarissimis erwarten?), von Herrn Klotz liefert:

CHRISTIANUS ADOLPHUS KLOTZIUS

Philosophiae et L. L. A. A. Magister, Professor Philosophiae in ... Ordinarius Rev. Capitul. Wurc. Capitul. Extraord. Poet. Caes. Laur. Acad. Caes. Scient. Roboret. Soc. Altdorf. Teuton. Acad. Elect. Mogunt. Scientiar. Util. Soc. Litterariae Zittaviens. et Latinae Jenensis collega.***

– Si – würde ich hinzusetzen, wenn ich den feinen Spaß wiederholen müßte, den Herr Klotz den Titeln seines lieben Burmanns zwischenschiebt –

* [Klotz, „Acta litteraria", vol. I, 1764, pars I], p. 58[–71].
** Klotzens „[Deutsche] Bibliothek", [Band 1, 1767], Stück 4, p. 44.
*** [Klotz, „Acta litteraria", vol. I, pars I], p. 64.

spreche ich allen Betrübten und Blöden Beifall und von allen Freunden der Künste und des Geschmacks den ergebensten Dank.

„Dieses Bekenntnis macht nicht *aus der Ursache* den Anfang meiner Schrift, *aus welcher* es *von vielen* für ein wesentliches Stück ihrer Vorreden angesehen wird. Diese mögen *allein und aus eigner Erfahrung* die Stärke dieser Worte kennen, *und man mißgönne ihnen die Kunst nicht*, hiedurch entweder gutherzige Richter zu ihrem Vorteile einzunehmen oder, wenn ihnen diese Hoffnung mißlingt, das Publikum, dessen größerer Teil sich *aus gewissen eignen Empfindungen* auf die Seite des getadelten Schriftstellers schlägt, zum Mitleiden zu bewegen." – Tand! lauter süßer Tand! Herr Klotz will nichts mit dem gemeinen Haufen der Schriftsteller gemein haben, als was er mit ihnen gemein hat, und mit ihnen das nicht gemein haben, was er mit ihnen nicht gemein hat, und alles dies läuft in die kleinzähligen Brüche von Absichten, von Empfindungen ein, deren Ästhetometrie ich nicht verstehe.

„*Ich rechne mir den aufrichtigen Wunsch*, daß die gründliche Gelehrsamkeit etc. in *meinem* Vaterlande ausgebreitet werde, *zu einem Verdienste* an, *dessen Wert ich nie verkennen werde* und *dessen Bewußtsein* mir den Mangel *andrer Verdienste ersetzen muß*" usw. Wie? so ist dies der ganze Unterschied des Verfassers von den vorigen Schriftstellern? So ist ein Wunsch, ein krüppelhafter Wunsch schon ein Verdienst? ein Verdienst, das man sich selbst vor den Augen des Publikum anrechnen, so kühn anrechnen kann, daß es der Welt bei dem Anfange der Schrift dreust vorschwöre „ein Verdienst, dessen Wert ich nie verkennen werde, dessen Bewußtsein mir den Mangel andrer Verdienste ersetzen *muß*". Und das alles ein Wunsch: Und das alles heißt Urbanität, guter Ton, Patriotismus? –

„Eben um deswillen halte ich es auch für meine Pflicht, die Lehrer der Wissenschaften auf gewisse Mittel, wodurch sie sich diesem Endzwecke, der auf das Wohl unsrer Mitbürger und das Glück der Nachkommenschaft *abzielt, nähern können, aufmerksamer* zu machen, als sie es *bisher* gewesen sind oder *vielmehr haben sein können.*" – Und was sind diese ge-

dem Schlafe empor und wird sich zeitlebens mit diesen früh erfaßten Traumideen tragen, sie alle brauchen und gleichsam daraus bestehen. Sich ihres Ursprungs aber erinnern? deutlich erinnern? wie könnte sie das? Sinnlich wird ihr hier und da eine abgerissene Idee, aber nur spätaus, aus den letzten Augenblicken dieser Morgenröte beifallen; dieses Bild, dessen sie sich aus der Kindheit, bewußt oder unbewußt, erinnert, wird sie bis auf den Grund erschüttern; sie wird zurückfahren wie vor einem Abgrunde oder gleichsam, als ob sie ihr Bild sähe. Das alles aber sind nur einzelne kleine Fragmente; die vielleicht nicht alle Seelen, wenigstens nicht in allen Lebensaltern haben; die sich nur selten, und wenn wir am tiefsten in uns wohnen, zeigen; die durch nichts so sehr als durch leichtsinnige Zerstreuungen verjagt und unmöglich gemacht werden; aus denen sich so erstaunend viel in der menschlichen Seele erklären ließe und noch nichts erklärt ist — — das sind nur Reste dieser Bilder, die uns so flüchtig vorspringen wie der Schlaf auf betränte Augenlider und uns schnell wieder verlassen — der wahre, erste, mächtige, lange Traum ist verloren und mußte verloren sein! Nur ein Gott und der Genius meiner Kindheit, wenn er in mich sehen konnte, weiß ihn!

Das Erwachen unsrer Seele geht fort, und mit ihm scheinen sich die Kräfte der Seele von einander loszutrennen, die wir in uns unterscheiden. Ist ihr gegenwärtiger und voriger Zustand ihr nicht mehr eins, gewöhnet sie sich, gegenwärtige Sensation von der vorhergehenden, die in ihr geblieben, zu unterscheiden: siehe! so tritt sie aus dem Zustande, da ihr alles nur Sensation war; sie gewöhnt sich, eins vor dem andern durch seine „innere Klarheit" zu erkennen; sie ist auf dem dunkeln Wege zur *Phantasie* und zum *Gedächtnis.* Wie oft muß sie darauf gleiten! wie viele Übung, um ihr inners Auge an diesen Unterschied und Stufen und Nuancen der Klarheit des Gegenwärtigen und Vergangnen zu gewöhnen! Ein Kind muß diesen Unterschied noch oft in sich verwirren, es kommt nur durch viel Übung zur Gewißheit; diese Gewißheit aber dauret ewig; so sind Gedächtnis und Phantasie mit ihren ersten, mächtigen, ewigen Formen da. Je näher beide noch an ihrer Mutter, der Sensation, kleben: desto dunkler wieder, aber desto stärker.

schöpflichers und Tieferes als Gefühl? etwas Begeisterndes als das Solidum seines schönen Gegenstandes? und etwas Lebhafteres als die von ihm erfüllte Einbildungskraft? Wie die Fläche zum Körper: so verhält sich eure Schilderung zu solcher Beschreibung!

Kein Gesetz der Malerei kann ohne Einschränkung und wenigere Umschaffung Gesetz der Bildhauerkunst werden, als wenn die Fläche zum Ganzen eines Körpers würde. In der Malerei liegt das Wesen der Kunst in Belebung einer Fläche, und das Ganze ihres Ideals trifft also genau auf die Zusammensetzung vieler Figuren, die wie auf einem Grunde bis auf jeden Pinselstrich ihrer Haltung und Verteilung und Lichter und Farben unzertrennbar *eine* Flächenwelt von lebendigem Anscheine machen. Von hier aus, aus diesem Hauptgesichtspunkt wird alles geordnet, vollführet und betrachtet: man steht wie vor einer Tafel (tavola, tableau etc.). Nichts verschiedner als hier das Hauptgesetz der Skulptur. Die zahlreichste Gruppe von Bildwerken ist nicht wie eine malerische Gruppe ein Ganzes. Jede Figur steht auf ihrem Boden, hat den fühlbaren Kreis ihrer Würkung und Schönheit lediglich in sich und ist also auch dem Hauptgesetz der Kunst nach als ein Einzelnes zu behandeln. Da ist's fremder Gesichtspunkt, wenn Dandré Bardon den Alten die pittoreske Ökonomie in Anordnung ihrer Gruppen von Statuen vorwerfen will; hätte er nachgedacht, so würde er seine malerischen Kunstwörter von quantité des belles figures, surabondance d'objets, oeconomie pittoresque, pensées poëtiques, beau desordre usw. nicht ohne Unterschied in der Bildhauerei gesucht haben, wo alle diese Dinge von ganz andrer Natur sind. Der Sinn, die Allegorie, die Geschichte, die ins Ganze *eines* Gemäldes verlegt wird, hat andre Gesetze, als der Ausdruck einer Gruppe der Skulptur zulässet und fodert: der Kontrast zwischen den Gruppen und Figuren ist in beiden Künsten von der verschiedensten Art und noch mehr die Würkung des Lichts und Schattens. Der Maler hat alles auf einer Fläche vor sich und kann so lange Farben mischen, anordnen und auslöschen, bis er seinen Trug, der im Ganzen des Gemäldes liegt, erreicht; der Bildhauer, der aus jedem seiner Felsen körperliche Wahrheit, wie

gespannet; oder sie wird *erschlaffet*, und die Fibern fließen allmählich wie in eine sanfte Auflösung über. Jenes ist dem Gefühl gleichartig, was wir in der Seele *Gefühl des Erhabnen* nennen; das letzte ist *Gefühl des Schönen*, Wohllust. Sehet, daraus entspringt die Haupteinteilung der Musik in *harte* und *weiche* Schälle, Töne und Tonarten – und dies zeigt die Analogie des ganzen allgemeinen Gefühls in Körper und Seele, so wie sich in ihm alle Neigungen und Leidenschaften offenbaren.

Wir haben einen britischen Erfahrungsphilosophen, der diese zwei Gefühle bis tief in unsre Natur und gleichsam auf das Faserngewebe, das unmittelbar die Seele umgibt, verfolgt und überall das Erhabne auf ein Gefühl der *Anstrengung*, das Schöne auf eine sanfte *Erschlaffung* der Nerven zurückleitet – es ist Burke, der Verfasser der philosophischen „Untersuchung des Schönen und Erhabnen", den uns Moses bekanntgemacht und Lessing nur zu lange versprochen hat. Ich lasse ihm die Paarung seiner beiden Gefühle mit den Trieben des Selbstgefühls und der gesellschaftlichen Neigungen; ich lasse ihm seine qualitates occultas von Begriffen, die sich aus einem intellektuellern Gesichtspunkte freilich nicht mehr rektifizieren lassen; ich lasse ihm alles, was System ist. Aber die eigentlichen Erfahrungen in ihm sind würkliche Entdeckungen, wo man bisweilen, wie durch einen innern Schauder, wie durch ein inniges Bewußtsein Wahrheit fühlt. Es sind Entdekkungen in einer so dunkeln Gegend, die sich gemeinen Augen von fern, wie eine mit Wolken bedeckte Zaubergegend zeigt und die, da er die Wolke durchschifft, ein blühendes Land wird, eine Insel Madera in ihrer Entdeckung. Nur schade, daß Burke seine Erfahrungen des allgemeinen Gefühls nicht in ihre dünnern Fäden feinerer und speziellerer Gefühle verfolgen konnte! Schade, daß er nicht Musik und überhaupt nicht künstliche Erfahrung gnug besaß, um über diese reflektierten Kräfte dieselben Erfahrungen anzustellen! Schade endlich, daß es fast nicht, ohne ein Quacker von Empfindung zu werden, möglich ist, jede *Wucht* jedes Eindrucks, jede *Art* der Nervenschwingung, jede *Mitteilung* und *Fortpflanzung* der Gefühle, die gleichsam von Nerve zu Nerve rauschen, zu

und dem malenden Auge nacheifert, so ist sie nicht Musik mehr, sondern ein tönendes Geklimper. Riedels Musik malt *Handlungen*; und wir haben gesehen, daß sie *diese* malen *nie kann und nie will*, daß Handlungen durch unartikulierte Töne nie können gemalt werden und daß die Musik der Pantomime noch weniger *vormalen* könne. Und Riedels *Pantomime* ahmt sie doch *von da aus* nach? von da aus, wo sie nicht sein können, nicht sein wollen, ohne alles zu verderben? wo also, wenn sie von da aus nachgeahmt würden, die elendeste Nachahmung in der Welt entstände? O was kann eine leichte Gänsefeder nicht schreiben! Siebenfachen Unsinn mit drei Worten: mit drei Worten, daß die Musik beschämt wird, die Pantomime beschämt wird, der Knecht auf den Herren und der Herr auf den Knecht gesetzt wird – was kann eine Gänsefeder nicht schreiben!

Und wodurch ahmt die Pantomime diese so neue, so unerhörte *Tonhandlungen* nach? *Durch abgemessene und schön regelmäßig verwickelte Stellungen*: warum nicht durch ein abgemeßnes und schön regelmäßig verwickeltes Wortgeschleppe, wie die Riedelschen Definitionen sind? Als ob *schöne* Stellungen nicht auch *regelmäßig* und *regelmäßige* Stellungen nicht auch *abgemessen* und *abgemeßne*, *regelmäßig verwickelte Stellungen* nicht auch *schön* wären? Und als ob die Pantomime lauter *schöne* Stellungen, lauter *Regelmäßigkeiten* foderte und nicht auch einzelne unregelmäßige Widrigkeiten oft zum lebenden Ganzen gehörten? Und als ob *Verwicklung* der Stellungen Hauptbegriff wäre? ja endlich, als ob sie gar *durch Stellungen* nachahmte? – – Welch ein Wald von Verwirrung und Falschheit! Kann eine Stellung, als solche, eine Handlung? – können Stellungen, als solche, Handlungen nachahmen? Sowenig als eine einzelne Seite eines Körpers je einen Körper, als Solidum, vorstellen kann. Das Zusammengesetzte seiner Seiten und also auch hier *die Reihe* von Stellungen, das *Verändern* in der Reihe, die würkliche Aktuation dieser Reihveränderungen – diese allein ist das *Nachahmende* einer Handlung, sie allein also das *Ausdrükkende* in der Pantomime: sie allein also der Hauptbegriff der Kunst, der nirgends weniger als in dem Wort Stellung, Stellun-

ohne Unschicklichkeit sei? wer versteht davon ein Wort? und das ist philosophische Erklärung und Theorie der Größe!

Es gibt endlich noch eine dritte Gattung, aus Abziehung der Begriffe, die ich *Größen des Verstandes und der Vernunft* nennen möchte und von denen jene auf einem *evidenten Urteil*, diese auf einer *Reihe von Schlüssen* beruhen. Zu den ersten gehört z. E. das Große in der geistigen Schönheit und Vollkommenheit eines Menschen, das, was in einem Charakter, in einer Gesinnung, in einer Tat, in einem Beispiele rührt – eine Klasse, aus der Riedel einige Brocken hinstreuet. Zu den zweiten gehört das Große aus der Abgezogenheit vieler Gedanken in *einen*, z. E. Ewigkeit, Fall Adams usw. Alle sind bei Herrn Riedel vermischt, da doch jede ihre eigne Natur und Gesetze und Bestimmungen hat. So sieht's bei ihm mit Aufzählung der genetischen Gattungen von Größe aus! ein Allerlei von gestohlnen, verschnittnen, mannigfarbigen Lappen und Flicken, wie in der Hölle des Schneiders!

Darf ich hier einen kleinen Ausweg nehmen, um einen Philosophen über das Große und Erhabne zu nennen, der in diesen letzten Gattungen insonderheit sehr lesenswürdig ist. Kant, ganz ein gesellschaftlicher Beobachter, ganz der gebildete Philosoph, nimmt in seiner Abhandlung vom Schönen und Erhabnen auch insonderheit die bildsame Natur des Menschen, die gesellschaftliche Seite unsrer Natur in ihren feinsten Farben und Schattierungen zum Felde seiner Beobachtung. Das Große und Schöne an Menschen und menschlichen Charakteren und Temperamenten und Geschlechtertrieben und Tugenden und endlich Nationalcharakteren: das ist seine Welt, wo er bis auf die feinsten Nuancen fein bemerkt, bis auf die verborgensten Triebfedern fein zergliedert und bis zu manchem kleinen Eigensinn fein bestimmt – ganz ein Philosoph des Erhabnen und Schönen der Humanität! und in dieser menschlichen Philosophie ein Shaftesbury Deutschlands. Wie kommt's denn, daß diese kleine Schrift von so reichem Inhalte weniger bekannt und angemeldet ist, als sie es verdiente? Die Literaturbriefe dachten an sie, schliefen aber darüber ein. Riedel kennet sie nicht – – doch das wäre endlich ihr wenigster Schade, daß sie Riedel nicht kennet. Ich komme

ser, der in seinem Zimmer ganz vertraut mit uns spricht und uns durch gründliche und tiefsinnige Betrachtungen in den Stand setzt, von dem übeln Verhalten sowohl als von der Klugheit vergangner Zeiten zu lernen; allerdings der Freund, der Ratgeber, der Gefährte des Scipio, der Lehrer des Brutus und auch in unsern Zeiten der Lehrer der Könige und Helden, so wie er's auch in mehrern Sachen als der Kriegskunst sein müßte, wenn er in andern als in Folards Absichten gelesen würde. Alles dies freilich; aber doch – durchaus mehr als Geschichtschreiber. Und wer mehr als ein solcher sein will, muß notwendig in Fälle kommen, wo er kein wahrer Geschichtschreiber mehr ist. So ist's auch bei Polybius, dessen Geschichte schon andre eine Philosophie voll Exempel genannt haben: und freilich das ist *Lehrgebäude.*

Ich springe über die Römer hinweg, und wo werde ich die Neuern finden? Wo ich sie finden will, teils bei bloßen und oft pedantischen Erzählern, teils bei historischen Künstlern, die nichts so gern als malen, historische Perioden wie Alleen führen und hintendrein uns so prächtige Charaktere, Porträte und Schilderungen machen, die vielleicht bloß in ihrem Gehirn leben; Staatskluge endlich, die über die Geschichte ein ganzes Lehrgebäude für eine ganze Nation in allen ihren politischen Verfassungen haben schreiben können. In der ersten Klasse werden vielleicht die meisten Deutsche, in der zweiten Franzosen und in der dritten Engländer und Schotten sein und unter den letzten insonderheit ein Hume. – – Hume, allerdings einer der größesten Köpfe unserer Zeit, den ich jedesmal mit Verehrung lese; aber darf ich wieder sagen, nicht als Geschichtschreiber, sondern als einen Philosophen der britischen Geschichte. Der wäre nicht würdig, sein Leser zu sein, der an ihm nicht den scharfsinnigen Staatsmann, den tiefen Denker, den eindringenden Erzähler, den aufklärenden Urteiler bewunderte; soviel ich indessen von ihm zu lernen wünsche, so ist unter diesem Vielen das Wenigste – – Geschichte. Es ist das, was Hume davon denkt, wie ihm die Lage der Sachen erschienen, wie aus seiner Vorstellung sein Urteil fließe, wie er sich die geschehenen Begebenheiten und Personen denke, wie er sie stelle, nicht aber notwendig, wie sie geschehen, wie sie gewesen sind.

AN DEN HERRN DIREKTOR DER HISTORISCHEN GESELLSCHAFT IN GÖTTINGEN

Mein Herr,
die Aufmerksamkeit, die Sie in ihrer „Historischen Bibliothek" einigemal, wenigstens beiläufig, der Winckelmannischen „Geschichte der Kunst" geschenkt haben, und noch mehr ihre eigne Bemühungen, *den Plan einer guten Geschichte* aus Beispielen und Betrachtungen vorzuzeichnen, veranlassen mich, ohne Ruf und Namen einige Gedanken *über den Plan der Winckelmannischen Geschichte* aufs Papier zu werfen. Sind sie der Nachbarschaft Ihrer Abhandlungen nicht unwert: so gönnen Sie ihnen einen Platz in Ihrer „Bibliothek".

„Die Geschichte der Kunst des Altertums ist keine bloße Erzählung der Zeitfolge und der Veränderungen in derselben, sondern ich nehme das Wort Geschichte in der weitern Bedeutung, welche dasselbe in der griechischen Sprache hat, und meine Absicht ist, einen Versuch eines Lehrgebäudes zu liefern." Das ist Winckelmanns Plan nach seiner eignen großen Angabe, sein Plan in seiner fast noch größern Ausführung; nun lassen Sie uns, den Riß und Zirkel in der Hand, um das vortreffliche ewige Gebäude herumgehen.

Das Wort Geschichte nach seiner weitern griechischen Bedeutung heißt Besichtigung, Kenntnis, Wissenschaft, und den Machtnamen verdient ja auch die Historie so sehr als die Mathematik und Poetik den ihrigen. Aber ein Lehrgebäude? Haben die Griechen so etwas an der Geschichte erbauen wollen? Läßt sich so etwas an ihr erbauen, daß das Werk noch immer Geschichte bleibe? — —

Im Anfange gilt es mir noch bei diesen Fragen gleich, ob Geschichte eine Erzählung von datis oder factis, ob von verflochtnen Begebenheiten oder von einfachen Produktionen, ob von Natur oder von menschlicher Kunst sei. Selbst eine Geschichte der Gedanken, der Wissenschaft, der Kunst eines Volks und vieler Völker ist, trotz ihres einfachen Gegenstan-

Geschöpfe waren. Sie nehmen das große Errettungswerk Gottes in Christus für ziemlich selbstverständlich; es ist ihnen nicht kostbar.

Das ist eine gefährliche und geistlich überaus schädliche Einstellung. Sie geht an den Realitäten vorbei. Sie hat ihre Wurzeln unter anderem in einem großen Mangel an Gottesfurcht. Wir alle sind in Gefahr, von dieser ungeistlichen Denkweise angesteckt und beeinflußt zu werden.

Das Sühnopfer am Kreuz sollte in uns Ehrfurcht auslösen

Wenn wir die Wahrheiten in Gottes Wort ernst nehmen, können wir nicht so oberflächlich und leichtfertig über Gottes rettende Liebe und Gnade denken. Was Gott in Christus für uns getan hat, ist in Wahrheit ehrfurchtgebietend; es sollte uns zur Gottesfurcht und einem heiligen, Gott geweihten Leben anspornen, sonst stimmt etwas gar nicht in unserem geistlichen Leben. Hierzu wollen wir uns das Wort des Apostels Petrus in Erinnerung rufen:

> *Und wenn ihr den als Vater anruft, der ohne Ansehen der Person richtet nach dem Werk jedes einzelnen, **so führt euren Wandel in Furcht**, solange ihr euch hier als Fremdlinge aufhaltet. **Denn ihr wißt ja, daß ihr nicht mit vergänglichen Dingen, mit Silber oder Gold, losgekauft worden seid aus eurem nichtigen, von den Vätern überlieferten Wandel, sondern mit dem kostbaren Blut des Christus, als eines makellosen und unbefleckten Lammes.** (1Pt 1,17-19)*

Hier lehrt uns das Wort Gottes, daß die Tatsache unserer Erlösung durch das Blut des Lammes uns nicht selbstsicher und lässig machen darf. Es sollte uns vielmehr dazu anspornen, in Gottesfurcht und Heiligung zu leben, weil wir wissen, welch einen kostbaren, hohen Preis Gott bezahlt hat, um uns durch Christus zu erkaufen.

Wir können nicht mit der Sünde spielen, wir können auch nicht mehr mit der Welt flirten, wenn wir das einmal recht erkannt haben. Das bringt der Apostel Paulus den Korinthern in Erinnerung, die einst teilweise in schlimmen Sünden gelebt hatten:

Flirts, leichtfertige Kleidung und lockeres Verhalten verzichtet und stattdessen anständig, treu und dem Herrn hingegeben lebt, solange Gott es ledig sein läßt. Es bedeutet auch, daß es eine Verbindung zu einem möglichen Ehepartner respektvoll und mit der nötigen Distanz und Zucht anbahnt und natürlich alle zu engen emotionalen und körperlichen Beziehungen vor der Eheschließung vermeidet. So lehrt es uns der Apostel Paulus:

> ***Denn das ist der Wille Gottes, eure Heiligung,*** *daß ihr euch der Unzucht enthaltet; daß es jeder von euch versteht, sein eigenes Gefäß in Heiligung und Ehrbarkeit in Besitz zu nehmen, nicht mit leidenschaftlicher Begierde wie die Heiden, die Gott nicht kennen; daß niemand zu weit geht und seinen Bruder in dieser Angelegenheit übervorteilt;* ***denn der Herr ist ein Rächer für alle diese Dinge, wie wir euch zuvor gesagt und ernstlich bezeugt haben. Denn Gott hat uns nicht zur Unreinheit berufen, sondern zur Heiligung. Deshalb – wer dies verwirft, der verwirft nicht Menschen, sondern Gott, der doch seinen Heiligen Geist in uns gegeben hat.*** *(1Thess 4,3-8)*

In der Ehe bedeutet Gottesfurcht, dem Ehepartner liebevoll, rücksichtsvoll und respektvoll zu begegnen, wobei die von Gott gegebene Stellung des Mannes als Haupt der Familie und die Unterordnung der Ehefrau unter ihren Mann eine wichtige Grundordnung ist, die gottesfürchtige Gläubige sorgsam beachten, da sie sich sonst gegen Gott selbst auflehnen würden.

> *... sagt allezeit Gott, dem Vater, Dank für alles, in dem Namen unseres Herrn Jesus Christus; ordnet euch einander unter* ***in der Furcht Gottes!*** *Ihr Frauen, ordnet euch euren eigenen Männern unter als dem Herrn; denn der Mann ist das Haupt der Frau, wie auch der Christus das Haupt der Gemeinde ist; und er ist der Retter des Leibes. Wie nun die Gemeinde sich dem Christus unterordnet, so auch die Frauen ihren eigenen Männern in allem. (...) Doch auch ihr – jeder von euch liebe seine Frau so wie sich selbst; die Frau aber erweise dem Mann Ehrfurcht! (Eph 5,20-24.33)*

3. Der Gottesfürchtige weiß, daß Gott die Seinen in diesem Leben züchtigt, wenn sie sündigen

Auch wenn der gottesfürchtige Christ sich gewiß sein kann, daß seine Sünden um des Herrn Jesus Christus willen vergeben sind und er nicht in das Zorngericht kommen wird, hütet er sich doch vor Leichtfertigkeit und jedem sorglosen Spielen mit der Sünde. Denn der heilige Gott wird die Übertretungen Seiner Kinder nicht ohne erzieherische Konsequenzen lassen können – gerade deshalb, weil sie mit einem teuren Preis von den ewigen Konsequenzen der Sünde erlöst wurden.

Die Züchtigung Gottes geschieht nicht aus Zorn und ist nicht zu unserem Verderben, sondern sie erfolgt aus väterlicher Liebe und aus dem Verlangen, daß wir Christus ähnlicher werden und unserem Erlöser keine Schande bereiten. Sie ist auch nicht zwangsläufig eine Antwort auf Sünden, die wir begangen haben; manchmal dienen sie einfach zu unserer Läuterung und inneren Zubereitung:

> *Ihr habt noch nicht bis aufs Blut widerstanden im Kampf gegen die Sünde und habt das Trostwort vergessen, das zu euch als zu Söhnen spricht: »**Mein Sohn, achte nicht gering die Züchtigung des Herrn und verzage nicht, wenn du von ihm zurechtgewiesen wirst! Denn wen der Herr lieb hat, den züchtigt er, und er schlägt jeden Sohn, den er annimmt.**« Wenn ihr Züchtigung erduldet, so behandelt euch Gott ja als Söhne; denn wo ist ein Sohn, den der Vater nicht züchtigt? Wenn ihr aber ohne Züchtigung seid, an der sie alle Anteil bekommen haben, so seid ihr ja unecht und keine Söhne!*
>
> ***Zudem hatten wir ja unsere leiblichen Väter als Erzieher und scheuten uns vor ihnen; sollten wir uns da nicht vielmehr dem Vater der Geister unterwerfen und leben?*** *Denn jene haben uns für wenige Tage gezüchtigt, so wie es ihnen richtig erschien; er aber zu unserem Besten, damit wir seiner Heiligkeit teilhaftig werden. (Hebr 12,4-10)*

VIII. Der gottesfürchtige Überrest der Gemeinde und sein Weg heute

Da besprachen sich die miteinander,
welche den HERRN fürchteten,
und der HERR achtete darauf und hörte es,
und ein Gedenkbuch wurde vor ihm geschrieben
für die, welche den HERRN fürchten
und seinen Namen hochachten.
Und sie werden von mir,
spricht der HERR der Heerscharen,
als mein auserwähltes Eigentum behandelt werden
an dem Tag, den ich bereite;
und ich will sie verschonen,
wie ein Mann seinen Sohn verschont, der ihm dient.
(Mal 3,16-17)

Mitten in diese letzte Zeit zunehmender Verführung und Verderbnis sind die wahren, gottesfürchtigen Gläubigen gestellt, von Gott berufen, ein treues Zeugnis für Ihn abzulegen. Wir sind nicht zufällig, sondern nach Gottes Plan und Vorherbestimmung in solchen schweren Zeiten berufen worden. Gott weiß um die enormen Herausforderungen, vor die wir gestellt sind. Er will uns beistehen und durchhelfen. Aber wir sollten auch verstehen, welchen Weg uns das Wort Gottes in dieser letzten Zeit weist, und wir sollten diesen Weg in aller Klarheit und Treue gehen.

Wir sollen nicht mitschwimmen in dem breiten, verführerischen Strom; wir sind berufen, mit aller Kraft gegen den Strom zu schwimmen. Wir sollen die Gottlosigkeit und Lauheit der christlichen Verführungsströmungen meiden und bestrebt sein, ein Leben in der Gottesfurcht zu führen, in praktischer Gerechtigkeit, in mutigem Glauben, der sich an den Unsichtbaren hält, als sähe er

Ihn, in geduldiger Liebe, in Liebe zum Herrn und in Liebe zu den Heiligen, aber auch in Liebe zu den Verlorenen; in Sanftmut, ohne hart oder bitter zu werden.

1. Gott beruft einen treuen Überrest inmitten der allgemeinen Abkehr von Ihm

Immer wieder in der Heilsgeschichte hat Gott Einzelne, eine kleine Schar von Getreuen, einen treuen Überrest berufen, wenn die große Masse der Menschen von Ihm abgewichen war.

Als die Menschheit vor der Flut in Okkultismus und Perversion versank, berief Gott Noah und seine Söhne. Als die gottesfürchtige Linie Sems in Ur in den Götzendienst verstrickt war, berief Gott den Abram. Als die Israeliten zur Richterzeit vom Herrn gewichen waren, berief Gott die Richter und bewahrte eine kleine Schar von Getreuen, die wir u. a. im Buch Ruth kennenlernen.

Als später die zehn Nordstämme dem Götzendienst verfallen waren, erweckte Gott den Propheten Elia und offenbarte Ihm: *»Ich aber habe in Israel siebentausend übrigbleiben lassen, nämlich alle, die ihre Knie nicht gebeugt haben vor Baal und deren Mund ihn nicht geküßt hat!«* (1Kön 19,18).

Als die meisten Juden in Babylon reich und lau geworden waren, berief Gott Daniel, Serubbabel, Esra, Nehemia und den Überrest derer, die den Tempel und Jerusalem wieder aufbauten.

Auch in der Zukunft, wenn die große Masse dem Antichristen nachläuft, wird es in Israel einen treuen Überrest geben, von dem der Prophet Zephanja schreibt:

> ***Und ich will in deiner Mitte ein demütiges und geringes Volk übriglassen; das wird auf den Namen des Herrn vertrauen.*** *Der* ***Überrest von Israel*** *wird kein Unrecht tun und keine Lüge reden; man wird auch in ihrem Mund keine trügerische Zunge finden; ja, sie werden weiden und ruhen, ohne daß sie jemand aufschreckt. (Zeph 3,12-13)*

Einen solchen Überrest beruft der Herr auch in Seiner Gemeinde. Diesen Überrest finden wir schon ganz am Anfang der Entartung, die nach der Apostelzeit begann – treue Gläubige, die sich ab dem 2. Jahrhundert außerhalb der entstehenden römischen Kirche versammelten und in aller Schwachheit an den Lehren des Neuen Testaments festhielten, als die große Masse der Namenschristen von den Irrlehren des römischen Klerus verführt wurde.

Wir finden ihn bei den Waldensern, Hussiten und Lollarden. Und wir finden ihn in der Reformationszeit in den biblisch gesunden Täufergemeinden und später dann in ihren geistlichen Nachkommen, den bibeltreuen Baptisten und Mennoniten und vielen anderen.

Wie auch im Alten Bund wird dieser Überrest von der *Furcht des Herrn* gekennzeichnet. Die treuen Gläubigen fürchten Gott und halten deshalb an Seinen Lehren und Geboten fest, auch wenn die Masse längst von diesen abgewichen ist. Sie halten fest an der Heiligung und Absonderung von der Welt, auch wenn so viele, die sich Christen nennen, sich längst an die Welt angepaßt haben.

Deshalb spielt der Gedanke der Gottesfurcht gerade in solchen Briefen des NT eine große Rolle, die sich prophetisch mit den treuen Gläubigen in der letzten Zeit beschäftigen und ihnen Wegweisung geben (1. und 2. Timotheusbrief, Titusbrief, 2. Petrusbrief).

Der ehrfürchtige Gehorsam gegenüber den inspirierten Weisungen und Lehren der Bibel ist in der letzten Zeit besonders wichtig, in einer Zeit des Abfalls, wo die Namenschristen die heiligen Gebote und Lehren der Bibel immer offener verdrehen oder sogar verwerfen.

Der gottesfürchtige Überrest ist dadurch gekennzeichnet, daß er das Wort des Herrn bewahrt, darüber wacht, es verteidigt und gehorsam umsetzt, auch wenn ihm das Leiden und Verfolgung einbringt.

Dieser treue Überrest der Gemeinde Jesu Christi wird prophetisch gekennzeichnet im Sendschreiben des erhöhten Herrn an die Gemeinde von Philadelphia:

Ich kenne deine Werke. Siehe, ich habe vor dir eine geöffnete Tür gegeben, und niemand kann sie schließen; ***denn du hast eine kleine Kraft und hast mein Wort bewahrt und meinen Namen nicht verleugnet. (…) Weil du das Wort vom standhaften Ausharren auf mich bewahrt hast, werde auch ich dich bewahren*** *vor der Stunde der Versuchung, die über den ganzen Erdkreis kommen wird, damit die versucht werden, die auf der Erde wohnen. Siehe, ich komme bald;* ***halte fest, was du hast****, damit [dir] niemand deine Krone nehme! (Offb 3,8-11)*

Auch an vielen anderen Stellen des Neuen Testaments wird die Bedeutung des Festhaltens am inspirierten Wort Gottes für die endzeitliche Gemeinde betont.

Halte dich an das Muster der gesunden Worte, die du von mir gehört hast*, im Glauben und in der Liebe, die in Christus Jesus ist!* ***Dieses edle anvertraute Gut bewahre durch den Heiligen Geist, der in uns wohnt!*** *(2Tim 1,13-14)*

Daher ermahne ich dich ernstlich vor dem Angesicht Gottes und des Herrn Jesus Christus, der Lebendige und Tote richten wird, um seiner Erscheinung und seines Reiches willen: ***Verkündige das Wort, tritt dafür ein, es sei gelegen oder ungelegen; überführe, tadle, ermahne mit aller Langmut und Belehrung!***

Denn es wird eine Zeit kommen, da werden sie die gesunde Lehre nicht ertragen, sondern sich selbst nach ihren eigenen Lüsten Lehrer beschaffen, weil sie empfindliche Ohren haben; und sie werden ihre Ohren von der Wahrheit abwenden und sich den Legenden zuwenden. (2Tim 4,1-4)

Das ist ein wesentlicher Prüfstein für unsere Gottesfurcht – wenn wir den lebendigen Gott fürchten, werden wir uns auch Seinem heiligen Wort ehrfürchtig unterwerfen, anstatt es zu kritisieren, umzudeuten oder offen davon abzuweichen. »*Hört das Wort des* HERRN*, ihr, die ihr erzittert vor seinem Wort*« (Jes 66,5). »*Mein*

Fleisch schaudert aus Furcht vor dir, und ich habe Ehrfurcht vor deinen Bestimmungen!« (Ps 119,120).

Vielfach ist uns heute – auch durch den schleichenden Einfluß der Bibelkritik in gläubigen Kreisen – diese Ehrfurcht vor dem heiligen, lebendigen und kräftigen Wort Gottes abhanden gekommen, oder sie ist zumindest bedenklich geschwächt. Wenn wir das feststellen, sollten wir uns vor Gott demütigen und Ihn um Erneuerung unserer Gottesfurcht und unserer Ehrfurcht vor Seinem Wort bitten!

Absonderung vom Bösen als Lebensgesetz des Überrests

Eine Schlüsselrolle im Leben des treuen Überrestes der Gläubigen, der sich in einer Umgebung der Gottlosigkeit, des Abfalls von Christus und der Gesetzlosigkeit behaupten muß, spielt die Trennung vom Bösen.

Im 1. Timotheusbrief haben wir vorher gelesen: *»Du aber, o Mensch Gottes,* ***fliehe diese Dinge****, jage aber nach Gerechtigkeit, Gottesfurcht, Glauben, Liebe, Geduld, Sanftmut!«* Fliehen bedeutet, sich abzusondern, nichts zu tun zu haben mit dem Sauerteig des Bösen, der sich in der Christenheit ausbreitet. Fliehen bedeutet, sich zu reinigen von den Gefäßen zur Unehre, die auch in dem großen Haus der Christenheit sind:

> *Aber der feste Grund Gottes bleibt bestehen und trägt dieses Siegel: Der Herr kennt die Seinen! und: Jeder, der den Namen des Christus nennt, wende sich ab von der Ungerechtigkeit! In einem großen Haus gibt es aber nicht nur goldene und silberne Gefäße, sondern auch hölzerne und irdene, und zwar die einen zur Ehre, die anderen aber zur Unehre.* ***Wenn nun jemand sich von solchen reinigt, wird er ein Gefäß zur Ehre sein, geheiligt und dem Hausherrn nützlich, zu jedem guten Werk zubereitet. So fliehe nun die jugendlichen Lüste, jage aber der Gerechtigkeit, dem Glauben, der Liebe, dem Frieden nach zusammen mit denen, die den Herrn aus reinem Herzen anrufen!*** *(2Tim 2,19-22)*

Absonderung von der Verderbnis ist ein Lebensgesetz des treuen Überrestes, den sich der Herr in der Endzeit noch als Zeugnis bewahrt, so wie die *Vermischung* von Heiligem und Unheiligem, von Wahrheit und Lüge, von Licht und Finsternis eine Lieblingsmethode des Teufels ist. Diese Wahrheit finden wir schon bei den Gottesfürchtigen des Alten Testaments ausgedrückt:

> ***Ich hasse die Versammlung der Übeltäter und sitze nicht zusammen mit den Gottlosen.*** *(Ps 26,5)*

> ***Wohl dem, der nicht wandelt nach dem Rat der Gottlosen, noch tritt auf den Weg der Sünder, noch sitzt, wo die Spötter sitzen,*** *sondern seine Lust hat am Gesetz des HERRN und über sein Gesetz nachsinnt Tag und Nacht. Der ist wie ein Baum, gepflanzt an Wasserbächen, der seine Frucht bringt zu seiner Zeit, und seine Blätter verwelken nicht, und alles, was er tut, gerät wohl. (Ps 1,1-3)*

> *Denn ein Tag in deinen Vorhöfen ist besser als sonst tausend;* ***ich will lieber an der Schwelle im Haus meines Gottes stehen, als wohnen in den Zelten der Gottlosen!*** *(Ps 84,11)*

Wir können nur innige Gemeinschaft mit dem heiligen Gott der Bibel haben, wenn wir uns von aller Gottlosigkeit und Bosheit radikal trennen und absondern. Lassen wir uns anstecken und verunreinigen, verlieren wir die Gemeinschaft und den Segen des Herrn. Deshalb ist die gottgemäße Absonderung von allem Bösen ein so wichtiger Grundsatz aller wahren, gottesfürchtigen Gläubigen:

> *Wie stimmt Christus mit Belial überein? Oder was hat der Gläubige gemeinsam mit dem Ungläubigen? Wie stimmt der Tempel Gottes mit Götzenbildern überein? Denn ihr seid ein Tempel des lebendigen Gottes, wie Gott gesagt hat: »Ich will in ihnen wohnen und unter ihnen wandeln und will ihr Gott sein, und sie sollen mein Volk sein«.*

> ***Darum geht hinaus von ihnen und sondert euch ab, spricht der Herr, und rührt nichts Unreines an!*** *Und ich will euch aufnehmen, und ich will euch ein Vater sein, und ihr sollt mir Söhne und Töchter sein, spricht der Herr, der Allmächtige. Weil wir nun diese Verheißungen haben, Geliebte, so wollen wir uns reinigen von aller Befleckung des Fleisches und des Geistes zur Vollendung der Heiligkeit in Gottesfurcht! (2Kor 6,15 – 7,1)*

Diese Gott wohlgefällige Trennung vom Bösen umfaßt sowohl moralische Sünde als auch Irrlehre (d. h. verführerische falsche Lehre); beides wird von der Schrift als »Sauerteig« und damit als etwas Verderbliches bezeichnet, von dem wir uns trennen müssen (vgl. auch Gal 5,7-10). Moralische Sünde in der Gemeinde beinhaltet etwa Hurerei (Unzucht) oder Ehebruch, aber auch Unversöhnlichkeit oder finanziellen Betrug.

Irrlehre beinhaltet heute u. a. die Lehren der Bibelkritik, des »Sozialen Evangeliums«, der Ökumene, der Pfingst- und Charismatischen Bewegung, der Allversöhnung. Entweder kann ich dafür sorgen, daß der Sauerteig aus der Gemeinde weggetan wird, wie wir das in 1. Korinther 5 am Beispiel der Unzucht finden, oder ich muß mich von einer Gruppierung, in der das Böse sich festgesetzt hat und nicht beseitigt werden kann, trennen und absondern:

> *Euer Rühmen ist nicht gut!* ***Wißt ihr nicht, daß ein wenig Sauerteig den ganzen Teig durchsäuert? Darum fegt den alten Sauerteig aus****, damit ihr ein neuer Teig seid, da ihr ja ungesäuert seid! Denn unser Passahlamm ist ja für uns geschlachtet worden: Christus. So wollen wir denn nicht mit altem Sauerteig Fest feiern, auch nicht mit Sauerteig der Bosheit und Schlechtigkeit, sondern mit ungesäuerten Broten der Lauterkeit und Wahrheit.*
>
> *Ich habe euch in dem Brief geschrieben, daß ihr keinen Umgang mit Unzüchtigen haben sollt; und zwar nicht mit den Unzüchtigen dieser Welt überhaupt, oder den Habsüchtigen oder Räubern*

oder Götzendienern; sonst müßtet ihr ja aus der Welt hinausgehen. Jetzt aber habe ich euch geschrieben, ***daß ihr keinen Umgang haben sollt mit jemand, der sich Bruder nennen läßt und dabei ein Unzüchtiger oder Habsüchtiger oder Götzendiener oder Lästerer oder Trunkenbold oder Räuber ist; mit einem solchen sollt ihr nicht einmal essen.*** *Denn was gehen mich auch die an, die außerhalb [der Gemeinde] sind, daß ich sie richten sollte? Habt ihr nicht die zu richten, welche drinnen sind? Die aber außerhalb sind, richtet Gott.* ***So tut den Bösen aus eurer Mitte hinweg!*** *(1Kor 5,6-13)*

2. Gottesfürchtig leben in einer gottlosen Welt

Der treue Überrest der Christusgläubigen wird sich bewähren müssen in einer endzeitlichen Umwelt, die immer offener gegen Gottes Gebot aufbegehrt und sich eine trügerische »Freiheit« anmaßt, ihren eigenen Lüsten und Begierden zu leben.

Die Gottesfürchtigen leben zuchtvoll und gehorsam mitten unter den Gesetzlosen und »Freien«

Eine ernste Herausforderung und Prüfung für die Gottesfürchtigen entsteht durch den zunehmenden *Geist der Gesetzlosigkeit*, der alle Gebote und Ordnungen Gottes verleugnet und im weltlichen oder im »christlichen« Gewand ein zügelloses Leben nach den eigenen »Bedürfnissen« und Lüsten predigt und praktiziert.

Die Gesetzlosen wollen nicht, daß Christus über sie herrscht (vgl. Lk 19,14); sie wollen die »Fesseln« der Ordnungen Gottes abwerfen, wie es prophetisch der Psalm 2 schildert:

Warum toben die Heiden und ersinnen die Völker Nichtiges? Die Könige der Erde lehnen sich auf, und die Fürsten verabreden sich gegen den H*ERRN* *und gegen seinen Gesalbten: »Laßt uns ihre Bande zerreißen und ihre Fesseln von uns werfen!« (Ps 2,1-3)*

Die heutige Gottlosigkeit tarnt sich mit der verführerischen Parole der »Freiheit«. Das gilt für die heutige, nachchristliche Welt, die gerade dabei ist, ihr Gemeinwesen von allen segensreichen Einflüssen der biblischen Gebote und Ordnungen Gottes zu »säubern« und eine rein humanistisch begründete Rechtsordnung zu schaffen, in der alles erlaubt ist, was den Begierden der Menschen gefällt.

Punkt für Punkt werden die Rechtsordnungen umgestoßen, die sich auf Gottes Offenbarung in der Bibel beziehen; nur noch der Mensch mit seinen Bedürfnissen wird als Maßstab für das Recht zugelassen, und erlaubt ist, was gefällt.

Hinter der auffälligen, weltweit gesteuerten Propaganda für homosexuelle und »transsexuelle« Lebensweisen steht eine antichristliche Kampagne gegen Gottes Ordnungen, die auch Werkzeuge zur Verfolgung der wahren Christen bereitstellt. Zugleich werden die Reste der abendländischen Zivilisation zerstört, und man steuert entschlossen in Richtung einer neuheidnischen Barbarei.

Es ist nur eine Frage der Zeit, wann Vielehe, Inzest, Kindesmißbrauch, Abtreibung und Euthanasie zu »Menschenrechten« erhoben werden. Das zügellose Ausleben perverser Lüste und Begierden wird zur moralischen Norm der neuen, nachchristlichen Welt erklärt.

Der endzeitliche Geist der Gesetzlosigkeit prägt aber auch die gottlosen Namenschristen; das wird besonders bei den protestantischen Großkirchen deutlich.

Solche Leute verkünden ihre »Freiheit«, die Gebote Gottes beiseitezusetzen, umzudeuten oder als »kulturell bedingt« und »nicht mehr zeitgemäß« zu mißachten. Sie haben die Ordnungen Gottes für die Frau in der Gemeinde verworfen und Frauen als Prediger und Leiter eingesetzt. Sie verwerfen nunmehr die Ordnungen Gottes für die Ehe und machen Werbung für praktizierende Homosexuelle in den Kirchen.

In der jüngeren Generation nimmt man sich zunehmend die »Freiheit«, sich unzüchtig zu kleiden, Pornographie zu konsumieren, unverheiratet zusammenzuleben, Drogen zu nehmen und fast jede Torheit und Sünde dieser sterbenden Welt mitzumachen und fragen dann noch: »Was ist denn dabei?«, »Wo steht denn, daß das verboten ist?«

Solches gesetzlose Gedankengut dringt leider auch in früher bibeltreue Kreise von Gläubigen ein und richtet dort großen Schaden an.

Man gibt dem Fleisch immer mehr Raum im persönlichen wie im Gemeindeleben; der Mensch tritt in den Mittelpunkt, und die Wahrheit Gottes verblaßt immer mehr in den Herzen. Dadurch schwindet leider auch die Gottesfurcht, und die Liebe zu Christus erkaltet immer mehr.

Der Verlust der Gottesfurcht ist eben auch eine Not unter echten Kindern Gottes, die nicht mehr hingegeben und einfältig ihrem Herrn nachfolgen. So wird die Schar der wahrhaft Gottesfürchtigen allmählich kleiner, und ihr Weg wird einsamer und steiler.

Die weltoffenen »modernen Christen« lästern frech über diese »rückständigen« Gottesfürchtigen, die noch an der Bibel als verbindlicher Autorität für ihr Leben festhalten, und beschimpfen sie als »gesetzliche Pharisäer«.

Sie feiern einen falschen »Jesus«, der alles »absegnet«, was sie gerne tun möchten, und knirschen mit den Zähnen, wenn sie einen der verhaßten »Frömmler« erblicken, die heute noch an den »verstaubten Geboten des Mittelalters« festhalten wollen. Inmitten einer solchen Umgebung sind wir herausgefordert, *besonnen, gerecht und gottesfürchtig zu leben*, wie uns das schon gelesene Wort aus dem Titusbrief bezeugt:

> *Denn die Gnade Gottes ist erschienen, die heilbringend ist für alle Menschen;* ***sie nimmt uns in Zucht [oder: unterweist uns], damit wir die Gottlosigkeit und die weltlichen Begierden verleugnen und besonnen und gerecht und gottesfürchtig leben in der jetzigen Weltzeit,*** *indem wir die glückselige Hoffnung erwarten und die Erscheinung der Herrlichkeit des großen Gottes und unseres Retters Jesus Christus, der sich selbst für uns hingegeben hat, um uns von aller Gesetzlosigkeit zu erlösen und für sich selbst ein Volk zum besonderen Eigentum zu reinigen, das eifrig ist, gute Werke zu tun. (Tit 2,11-14)*

Die Gnade Gottes ist für die Gottesfürchtigen eben kein Freifahrtschein für das Fleisch, für ihre bösen Lüste und Begierden. Die Tatsache, daß der große, heilige Gott sich über uns erbarmt hat und uns um des Herrn Jesus Christus willen alle Schuld und Sünde vergeben hat, ist uns ein gewaltiger Ansporn, nunmehr aus Dankbarkeit und Liebe ganz für unseren Herrn zu leben und Ihm in allem zu gehorchen: *»Wenn jemand mich liebt, so wird er mein Wort befolgen«* (Joh 14,23).

Die Gnade Gottes nimmt uns also in Zucht. Sie diszipliniert uns, weil wir unseren himmlischen Vater und unseren liebenden Herrn nicht durch Sünde und Weltförmigkeit, durch ein fleischliches Leben in Begierden betrüben wollen, sondern wir wollen Ihn lieben und Ihm wohlgefallen. Wir wollen auch ein Leben führen, das Gott ehrt und ein Zeugnis für Seine Heiligkeit, Gerechtigkeit und Gnade ablegt, anstatt Ihm Schande zu machen und Seinen Namen zu verunehren.

Deshalb leben wir in dieser zügellosen Welt **besonnen**, d. h. wir sind zuchtvoll und selbstbeherrscht, anständig und handeln bewußt nach dem Wort Gottes statt nach unseren Bauchimpulsen. Wir leben auch **gerecht**, d. h. wir leben nach den heiligen, gerechten und guten Geboten und Anordnungen Gottes, die Er uns in Seinem Wort, besonders im Neuen Testament, gegeben hat. Unser Bestreben ist es, in allem den Willen unseres Gottes zu tun, nicht unseren Eigenwillen.

Und schließlich leben wir **gottesfürchtig**, d. h. wir hüten uns vor allem, was Gott verunehrt und uns verunreinigt, wir ehren Gott mit unserem Lebenswandel und halten uns fern von allem Bösen, das uns umgibt.

Unsere Hoffnung ist nicht das Wohlleben in dieser Welt, der irdische Genuß, sondern die kommende Herrlichkeit, wenn unser Herr kommt, um uns in den Himmel zu entrücken, wo wir dann die Früchte unseres zuchtvollen und gottesfürchtigen Lebens genießen werden. Bis dieser glückselige Moment kommt, wollen wir unserem Gott dienen durch gute Werke und durch unser Leben bezeugen, daß wir Sein auserwähltes, heiliges Eigentumsvolk sind.

Die Gottesfürchtigen ertragen willig die Verfolgung durch die Welt und die verweltlichten Christen

Das Zeugnis des treuen Überrests der Gottesfürchtigen in einer Welt, die von religiös gefärbtem Abfall und Gesetzlosigkeit gekennzeichnet ist, wird zwangsläufig Widerstand und Verfolgung in der einen oder anderen Weise hervorrufen.

Es steht nicht umsonst geschrieben: »*Und **alle, die gottesfürchtig leben wollen in Christus Jesus, werden Verfolgung erleiden***« (2Tim 3,12). Wenn die Gottesfürchtigen heute noch offen nach den Maßstäben Gottes, d. h. der Bibel, leben, überführen sie die sündigen Menschen in ihrer Umgebung von ihrer Sünde, und das reizt und ärgert diese.

Der Herr Jesus konnte von sich bezeugen, daß die Welt Ihn haßte und verabscheute, als Er zu Seinen ungläubigen Brüdern sprach: »*Die Welt kann euch nicht hassen, **mich aber haßt sie; denn ich bezeuge von ihr, daß ihre Werke böse sind***« (Joh 7,7).

Später sagte Er von Seinen Jüngern: »*Ich habe ihnen dein Wort gegeben, **und die Welt haßt sie; denn sie sind nicht von der Welt,** gleichwie auch ich nicht von der Welt bin*« (Joh 17,14).

Es gehört zu den Glaubensprüfungen dieser letzten Zeit, daß wir herausgefordert sind, ruhig und klar den Weg Gottes zu gehen und die biblischen Ordnungen zu halten, auch wenn das die Welt wütend macht und die weltförmigen Namenschristen über uns spotten und uns anfeinden. Dieser Umstand wird in den Psalmen von den jüdischen Gottesfürchtigen immer wieder bezeugt:

> *Denn siehe, die Gottlosen spannen ihren Bogen; sie haben ihre Pfeile auf die Sehne gelegt, um im Verborgenen auf die zu schießen, welche aufrichtigen Herzens sind. (Ps 11,2)*

> *Erweise deine wunderbare Gnade, du Retter derer, die vor den Widersachern Zuflucht suchen bei deiner Rechten! Behüte mich wie den Augapfel im Auge, **beschirme mich unter dem Schatten deiner Flügel vor den Gottlosen, die mir Gewalt antun***

wollen, vor meinen Todfeinden, die mich umringen! Ihr fettes [Herz] verschließen sie; mit ihrem Mund reden sie übermütig. Auf Schritt und Tritt umringen sie uns jetzt; sie haben es darauf abgesehen, uns zu Boden zu strecken. *Sie gleichen dem Löwen, der zerreißen will, dem Junglöwen, der lauert im Versteck. (Ps 17,7-12)*

Auch der wunderbare Psalm 119, der so viel von der Herrlichkeit des Wortes Gottes spricht, bezeugt, wie die Gottesfürchtigen von den Gottlosen verfolgt werden und sich in dieser Situation zu bewähren haben:

> ***Die Frechen haben mich arg verspottet;*** *dennoch bin ich von deinem Gesetz nicht abgewichen. Wenn ich an deine ewigen Ordnungen denke, o HERR, so werde ich getröstet. Zornglut hat mich ergriffen wegen der Gottlosen, die dein Gesetz verlassen. (Ps 119,51-53)*

> ***Die Hochmütigen haben Lügen gegen mich erdichtet;*** *ich [aber] befolge von ganzem Herzen deine Befehle. Ihr Herz ist stumpf wie von Fett; doch ich habe meine Wonne an deinem Gesetz. (Ps 119,69-70)*

> ***Die Frechen haben mir Gruben gegraben, sie, die sich nicht nach deinem Gesetz richten.*** *Alle deine Gebote sind Wahrheit;* ***sie aber verfolgen mich mit Lügen;*** *hilf mir!* ***Sie hätten mich fast vertilgt auf Erden;*** *ich aber verlasse deine Befehle nicht. (Ps 119,85-87)*

> ***Die Gottlosen lauern mir auf, um mich zu verderben;*** *aber ich richte meinen Sinn auf deine Zeugnisse. (Ps 119,95)*

Wenn wir heute gottesfürchtig leben wollen, dann rechnen wir mit dem Haß der abgefallenen Namenschristen, mit dem Spott und der Verfolgung der zügellosen Heiden um uns her. Wir wissen, daß dies unser Los ist, unser Vorrecht, für den herrlichen Namen des Herrn Jesus Schmach und Verfolgung zu erleiden.

Geliebte, laßt euch durch die unter euch entstandene Feuerprobe nicht befremden, als widerführe euch etwas Fremdartiges; ***sondern in dem Maß, wie ihr Anteil habt an den Leiden des Christus, freut euch, damit ihr euch auch bei der Offenbarung seiner Herrlichkeit jubelnd freuen könnt. Glückselig seid ihr, wenn ihr geschmäht werdet um des Namens des Christus willen!*** *Denn der Geist der Herrlichkeit, [der Geist] Gottes ruht auf euch; bei ihnen ist er verlästert, bei euch aber verherrlicht. Keiner von euch soll daher als Mörder oder Dieb oder Übeltäter leiden, oder weil er sich in fremde Dinge mischt;* ***wenn er aber als Christ leidet, so soll er sich nicht schämen, sondern er soll Gott verherrlichen in dieser Sache!*** *(1Pt 4,12-16)*

3. Der Weg der Gottesfürchtigen in der letzten Zeit

Die Zuspitzung von Verführungen, Gesetzlosigkeit, Gottlosigkeit und antichristlichen Entwicklungen in unseren letzten Tagen erlegt uns ganz besondere Prüfungen auf. Die kleine Schar der gottesfürchtigen Gläubigen wird in dieser letzten Zeit in mancherlei Weise angegriffen und gebeutelt, doch unser treuer Herr steht uns bei, und Gottes Gnade gibt uns den Sieg über alle Anfechtungen, denen wir ausgesetzt sind.

Glaubensprüfungen in Anfeindung und Verfolgung

Unser Glaube, unsere Treue und unsere Gottesfurcht werden in dieser Zeit auf den Prüfstand gestellt, sie werden in allerlei Bedrängnissen und Prüfungen erprobt und auf ihre Belastungsfähigkeit und Echtheit getestet. Diese Prüfungen werden uns von feindseligen Menschen zugefügt; aber der Glaubende nimmt sie aus der Hand seines Gottes und weiß, daß Gott auch den Ausgang schon bereitet hat (1Kor 10,13).

Man wird bibeltreue, gottesfürchtige Christen bald als engstirnige Fundamentalisten ausgrenzen und bedrohen, als Störer des

Religionsfriedens, als Hindernis für den spirituellen Fortschritt der Menschheit, als homophobe, islamophobe, lustfeindliche Reaktionäre, als »Abschaum der Menschheit«, wie es schon dem Apostel Paulus widerfuhr (*»zum Kehricht der Welt sind wir geworden, zum Abschaum aller bis jetzt«* – 1Kor 4,13).

Schon heute hat im Zeichen der »Antidiskriminierungsgesetze« und anderer »fortschrittlicher Maßnahmen« eine Verfolgung treuer Christen eingesetzt, die in »christlichen« Ländern (in den USA und Kanada wie auch z. B. in Großbritannien) entlassen oder gar verhaftet werden, wenn sie von ihrem Glauben Zeugnis geben oder »politisch unkorrekte« Worte Gottes öffentlich anführen. Es ist zu erwarten, daß solche Anfeindungen zunehmen werden.

Wir finden ein prophetisches Vorbild für die Anfechtungen der treuen Gläubigen heute in den Prüfungen des treuen Überrestes der Juden, die ihnen in der Zeit der großen Drangsal widerfahren werden. Was über sie im Propheten Daniel geschrieben steht, darf auch uns ermuntern und trösten (vgl. Röm 15,4; 1Kor 10,11):

> *Und er wird die, welche gegen den Bund freveln, durch Schmeicheleien zum Abfall verleiten; die Leute aber, die ihren Gott kennen, werden fest bleiben und handeln. Und die Verständigen im Volk werden die Vielen unterweisen; sie werden aber eine Zeitlang dem Schwert, dem Feuer, der Gefangenschaft und der Plünderung unterliegen. Und im Unterliegen werden sie ein wenig Hilfe erlangen; und es werden sich viele heuchlerisch an sie hängen.* ***Auch von den Verständigen werden etliche unterliegen, damit unter ihnen eine Läuterung geschehe, eine Sichtung und Reinigung, bis zur Zeit des Endes; denn es währt bis zur bestimmten Zeit.*** *(Dan 11,32-35)*

> ***Viele sollen gesichtet, gereinigt und geläutert werden; und die Gottlosen werden gottlos bleiben, und kein Gottloser wird es verstehen; aber die Verständigen werden es verstehen.*** *(Dan 12,10)*

Wenn wir uns nahe bei unserem Herrn Jesus Christus halten, der uns so geliebt hat, der unser guter Hirte, unser Zufluchtsort, unser Schirm und Schild ist, dann werden wir in allen diesen Prüfungen überwinden und geläutert und gereinigt daraus hervorgehen. Ja, wir dürfen diese Prüfungen bewußt bejahen und uns sogar in ihnen freuen, weil wir wissen, daß sie eine kostbare Frucht in unserem Leben bewirken werden:

> *Meine Brüder, achtet es für lauter Freude, wenn ihr in mancherlei Anfechtungen (od. Prüfungen) geratet,* ***da ihr ja wißt, daß die Bewährung eures Glaubens standhaftes Ausharren bewirkt. Das standhafte Ausharren aber soll ein vollkommenes Werk haben, damit ihr vollkommen und vollständig seid und es euch an nichts mangelt. (…) Glückselig ist der Mann, der die Anfechtung (od. Prüfung) erduldet; denn nachdem er sich bewährt hat, wird er die Krone des Lebens empfangen, welche der Herr denen verheißen hat, die ihn lieben.*** *(Jak 1,2-4.12)*

> *Dann werdet ihr euch jubelnd freuen, die ihr jetzt eine kurze Zeit, wenn es sein muß, traurig seid in mancherlei Anfechtungen (od. Prüfungen),* ***damit die Bewährung eures Glaubens (der viel kostbarer ist als das vergängliche Gold, das doch durchs Feuer erprobt wird) Lob, Ehre und Herrlichkeit zur Folge habe bei der Offenbarung Jesu Christi.*** *Ihn liebt ihr, obgleich ihr ihn nicht gesehen habt; an ihn glaubt ihr, obgleich ihr ihn jetzt nicht seht, und über ihn werdet ihr euch jubelnd freuen mit unaussprechlicher und herrlicher Freude, wenn ihr das Endziel eures Glaubens davontragt, die Errettung der Seelen! (1Pt 1,6-9)*

Heiliger Priesterdienst für den wahren Gott inmitten des heidnischen Götzendienstes

Wir sind berufen, mitten unter den modernen Baalspriestern unbeirrt dem allein wahren Gott der Bibel priesterlich zu dienen und Ihn zu ehren und anzubeten, so wie Er es verordnet hat. Das wird uns zunehmend einen Preis kosten – aber wie kostbar und wichtig ist solche heilige priesterliche Anbetung vor Gott! Wie wichtig ist es, Ihm inmitten so vieler fehlgeleiteter Götzendiener treu die geistlichen Opfer darzubringen, nach denen Er verlangt!

> *Aber die Stunde kommt und ist schon da,* ***wo die wahren Anbeter den Vater im Geist und in der Wahrheit anbeten werden; denn der Vater sucht solche Anbeter.*** *Gott ist Geist, und die ihn anbeten, müssen ihn im Geist und in der Wahrheit anbeten. (Joh 4,23-24)*

> *… so laßt auch ihr euch nun als lebendige Steine aufbauen, als ein geistliches Haus,* ***als ein heiliges Priestertum, um geistliche Opfer darzubringen****, die Gott wohlgefällig sind durch Jesus Christus. (1Pt 2,5)*

> ***Durch ihn laßt uns nun Gott beständig ein Opfer des Lobes darbringen****, das ist die Frucht der Lippen, die seinen Namen bekennen! (Hebr 13,15)*

Solche Anbetung im Geist und in der Wahrheit ist nur wohlgefällig, wenn wir sie in der nötigen Absonderung von allem Bösen darbringen, in gottesfürchtiger Beachtung all der heiligen Ordnungen, die in Seinem Wort für diesen priesterlichen Dienst festgelegt sind.

Deshalb ist es so wichtig, unsere Anbetung von weltlichen Beimischungen (Rockmusik, Videos, Theater) und verführerischem charismatischem »Lobpreis« frei zu halten und auch Ordnungen wie die Kopfbedeckung der Frau zu befolgen, die heute fast überall mißachtet werden.

Treues Zeugnis für Gottes Wort unter denen, die nicht mehr hören wollen

Eine weitere Prüfung für die Gottesfürchtigen besteht darin, daß sie berufen sind, für die ewige Wahrheit des Wortes Gottes, der Heiligen Schrift, Zeugnis abzulegen vor einem gottlosen

Geschlecht, das keine Ehrfurcht mehr vor der Bibel hat, sondern über sie zunehmend spottet und feindselig herzieht.

> *Es ist Zeit für den HERRN, zu handeln; sie haben dein Gesetz gebrochen! Darum liebe ich deine Gebote mehr als Gold und feines Gold; darum halte ich alle deine Befehle in allem für recht und hasse jeden Pfad der Lüge. (Ps 119,126-128)*

> *Zahlreich sind meine Verfolger und Widersacher; dennoch habe ich mich nicht abgewandt von deinen Zeugnissen. Wenn ich die Abtrünnigen ansehe, empfinde ich Abscheu, weil sie dein Wort nicht bewahren. (Ps 119,157-158)*

Dabei geht es nicht nur um die neuheidnisch werdenden ehemaligen Namenschristen des Abendlandes, sondern zunehmend auch um Evangelikale, die sich vom biblischen Glauben abgewandt haben und sich nun rasch der babylonischen Welteinheitskirche zuwenden.

Immer mehr »Christen« weigern sich, die gesunde Lehre der Bibel überhaupt noch anzuhören, und meutern offen, wenn man sie verkündet. Genau in diese endzeitliche Situation hinein spricht das prophetische Wort aus dem 2. Timotheusbrief:

> ***Verkündige das Wort, tritt dafür ein, es sei gelegen oder ungelegen; überführe, tadle, ermahne mit aller Langmut und Belehrung! Denn es wird eine Zeit kommen, da werden sie die gesunde Lehre nicht ertragen, sondern sich selbst nach ihren eigenen Lüsten Lehrer beschaffen, weil sie empfindliche Ohren haben; und sie werden ihre Ohren von der Wahrheit abwenden und sich den Legenden zuwenden.*** *Du aber bleibe nüchtern in allen Dingen, erdulde die Widrigkeiten, tue das Werk eines Evangelisten, richte deinen Dienst völlig aus! (2Tim 4,2-5)*

Wir leben in den Zeiten, in denen dieses Wort sich immer dramatischer bewahrheitet. Erschreckend viele Menschen, die sich Christen nennen, sind so fixiert auf ihren fleischlichen Eigenwillen und ihr weltliches Leben, daß sie sich weigern, biblische Lehren zu akzeptieren, die sie zu einer Umkehr und Aufgabe ihres unbiblischen Lebensstils bringen würden.

Lieber besorgen sie sich »smarte« Prediger, die ihnen genau das erzählen, wonach ihnen die Ohren jucken. Und davon gibt es heutzutage ein beachtliches Überangebot, während die treuen Verkündiger des Wortes, die noch die Ermahnung des Wortes Gottes aus 2. Timotheus 4,2 beherzigen, immer seltener werden und nur in seltenen Fällen noch eine zahlreiche Zuhörerschaft haben.

Und doch gilt jedem gläubigen Verkündiger auch heute noch die eindringliche Ermahnung:

> *Ich gebiete dir vor Gott, der alles lebendig macht, und vor Christus Jesus, der vor Pontius Pilatus das gute Bekenntnis bezeugt hat, daß du das Gebot unbefleckt und untadelig bewahrst bis zur Erscheinung unseres Herrn Jesus Christus, welche zu seiner Zeit zeigen wird der Glückselige und allein Gewaltige, der König der Könige und der Herr der Herrschenden, der allein Unsterblichkeit hat, der in einem unzugänglichen Licht wohnt, den kein Mensch gesehen hat noch sehen kann; ihm sei Ehre und ewige Macht! Amen. (1Tim 6,13-16)*

Jeder gottesfürchtige Diener am Wort Gottes ist heute mehr denn je herausgefordert, kompromißlos und klar das unverfälschte Wort Gottes zu verkündigen – den ganzen Ratschluß Gottes, ohne irgend etwas »Unbequemes« zu verschweigen (vgl. Apg 20,26-27).

Jeder Diener des Wortes ist verpflichtet, gerade heute das Wort klar und deutlich zu verkündigen, wie es geschrieben steht, ohne Abstriche und Zugeständnisse an den Zeitgeist. Er soll mit Geduld lehren – aber er hat auch den Auftrag, zu überführen, zu tadeln und zu ermahnen, auch wenn das manchen Hörern nicht gefällt. Er sollte in allem die Lehre und das Vorbild des Apostels Paulus nachahmen, der von sich bezeugte:

> *Wie wir es zuvor gesagt haben, so sage ich auch jetzt wiederum: Wenn jemand euch etwas anderes als Evangelium verkündigt als*

das, welches ihr empfangen habt, der sei verflucht! ***Rede ich denn jetzt Menschen oder Gott zuliebe? Oder suche ich Menschen zu gefallen? Wenn ich allerdings den Menschen noch gefällig wäre, so wäre ich nicht ein Knecht des Christus.*** *(Gal 1,9-10)*

Darum lassen wir uns nicht entmutigen, weil wir diesen Dienst haben gemäß der Barmherzigkeit, die wir empfangen haben, sondern wir lehnen die schändlichen Heimlichkeiten ab; ***wir gehen nicht mit Hinterlist um und fälschen auch nicht das Wort Gottes; sondern indem wir die Wahrheit offenbar machen, empfehlen wir uns jedem menschlichen Gewissen vor dem Angesicht Gottes.*** *(2Kor 4,1-2)*

Denn unsere Verkündigung entspringt nicht dem Irrtum, noch unlauteren Absichten, noch geschieht sie in listigem Betrug; sondern so wie wir von Gott für tauglich befunden wurden, mit dem Evangelium betraut zu werden, so reden wir auch – nicht als solche, die den Menschen gefallen wollen, sondern Gott, der unsere Herzen prüft. *(1Thess 2,3-4)*

Solche Verkündiger, Bibellehrer und Evangelisten brauchen wir heute dringend. Wir alle, die wir ihren Dienst benötigen, sollten Gott ernstlich bitten, daß Er uns in dieser schweren Zeit noch solche Verkündiger erwecken und erhalten möge.

Wir sollten für die Brüder bitten, die den Dienst am Wort heute tun, daß Gott ihnen Mut und Gnade geben möge, Weisheit und Kraft von oben, damit sie ihren schweren und verantwortungsvollen Dienst ganz ausführen können, damit der treue Überrest in der Endzeit noch Erbauung, Glaubensstärkung und klare Orientierung durch die gesunde Lehre empfangen kann.

Männlicher Mut in den endzeitlichen Glaubenskämpfen

Wir alle brauchen in diesen Zeiten viel geistliche Kraft, göttliche Gnade und geistgewirkten Mut, damit wir uns nicht einschüchtern lassen durch die endzeitlichen Widerstände. Heute benötigen wir besonders die Ermunterung des Apostels Paulus: »***Wacht, steht fest im Glauben, seid mannhaft, seid stark!***« (1Kor 16,13). In diesen Kämpfen werden wir bestehen, wenn wir uns eng an unseren verherrlichten Herrn halten und innige, ungetrübte Gemeinschaft mit Ihm pflegen. Dann werden wir die Realität des Wortes von Paulus erfahren:

> ***Gott aber sei Dank, der uns den Sieg gibt durch unseren Herrn Jesus Christus!*** *Darum, meine geliebten Brüder, seid fest, unerschütterlich, nehmt immer zu in dem Werk des Herrn, weil ihr wißt, daß eure Arbeit nicht vergeblich ist im Herrn! (1Kor 15,57-58)*

Wir sind zum Kämpfen berufen und dürfen nicht feige abseits stehen. Wenn wir bereit sind, uns dem Herrn Jesus zur Verfügung zu stellen, dann wird Er uns die Kraft zu diesem geistlichen Kampf geben. Wir stehen dabei nicht allein, sondern der Herr stellt uns andere Geschwister zur Seite, die mit uns diesen guten Kampf des Glaubens führen:

> *Du hast denen, die dich fürchten, ein Banner gegeben, daß sie sich erheben um der Wahrheit willen. (Ps 60,6)*

> *Ich bin verbunden mit allen, die dich fürchten, und die deine Befehle befolgen. (Ps 119,63)*

Wir wollen uns mit Gottes Hilfe erheben um der Wahrheit willen. Unser Banner ist der Herr Jesus Christus; die Waffen unseres Kampfes sind geistlich, nicht fleischlich – es sind das Gebet und das Wort Gottes.

Es geht darum, die Wahrheit Gottes und die Heilsbotschaft von Jesus Christus zu bezeugen in einer christusfeindlichen Welt, damit Gott geehrt wird und noch Menschenseelen für den Herrn gewonnen werden. Wenn wir uns dem Herrn in diesem Kampf zur Verfügung stellen, dann wird Er uns beistehen und stärken, und die Feinde Gottes werden zuschanden werden, wie es das Wort bezeugt:

Siehe, GOTT, der Herr, steht mir bei – wer will mich für schuldig erklären? Siehe, sie werden alle zerfallen wie ein Kleid; die Motte wird sie fressen. Wer unter euch fürchtet den HERRN? Wer gehorcht der Stimme seines Knechtes? Wenn er im Finstern wandelt und ihm kein Licht scheint, so vertraue er auf den Namen des HERRN und halte sich an seinen Gott! (Jes 50,9-10)

Ermutigung für die Gottesfürchtigen:
die Botschaft des Propheten Maleachi

Die Gottesfurcht wird ein entscheidendes Merkmal des treuen Überrestes in der Endzeit sein, und diese Gottesfurcht wird auch ihr Schutz sein in den schweren Verführungszeiten, die heute schon sind und die noch kommen werden. Deshalb dürfen die Worte des Propheten Maleachi an den gottesfürchtigen Überrest Israels auch für uns ein Trost und eine Ermunterung sein:

Da besprachen sich die miteinander, welche den HERRN fürchteten, und der HERR achtete darauf und hörte es**, und ein Gedenkbuch wurde vor ihm geschrieben für die, welche den HERRN fürchten und seinen Namen hochachten. Und sie werden von mir, spricht der HERR der Heerscharen, als mein auserwähltes Eigentum behandelt werden an dem Tag, den ich bereite; und ich will sie verschonen, wie ein Mann seinen Sohn verschont, der ihm dient. **Dann werdet ihr wieder sehen, was für ein Unterschied besteht zwischen dem Gerechten und dem Gesetzlosen, zwischen dem, der Gott dient, und dem, der ihm nicht dient.

*Denn siehe, der Tag kommt, brennend wie ein Ofen! Da werden alle Übermütigen und alle, die gesetzlos handeln, wie Stoppeln sein, und der kommende Tag wird sie verbrennen, spricht der HERR der Heerscharen, so daß ihnen weder Wurzel noch Zweig übrigbleibt. **Euch aber, die ihr meinen Namen fürchtet, wird die Sonne der Gerechtigkeit aufgehen, und Heilung [wird] unter ihren Flügeln [sein]** … (Mal 3,16-20)*

Unsere glückselige Hoffnung ist der wiederkommende Herr. Er, unser treuer, guter Hirte, wird die Seinen, die, welche wahrhaft Sein sind, durch diese notvollen Zeiten hindurch stärken und bewahren und uns zu Seiner Zeit in die himmlische Herrlichkeit holen. Wohl uns, wenn wir dann mit dem Apostel Paulus bekennen können:

> *Ich habe den guten Kampf gekämpft, den Lauf vollendet, den Glauben bewahrt. Von nun an liegt für mich die Krone der Gerechtigkeit bereit, die mir der Herr, der gerechte Richter, an jenem Tag zuerkennen wird, nicht aber mir allein, sondern auch allen, die seine Erscheinung liebgewonnen haben. (2Tim 4,7-8)*

Wenn der Herr Jesus Christus dann mit Seiner geläuterten und verherrlichten Brautgemeinde wieder auf die Erde kommt, um die Bösen zu richten, dann werden die Gottlosen entsetzt sein und erkennen, daß sie töricht und blind waren, als sie die Gottesfürchtigen verachteten und verfolgten.

Dann wird jeder erkennen, daß die Gottesfurcht einen herrlichen, ewigen Lohn hat – und daß die Gottlosigkeit mit einem schrecklichen Strafgericht vergolten wird. Nur wird es dann zu spät sein zur Umkehr; heute noch ist der Tag, da der Gottlose sich bekehren kann und Begnadigung empfängt um des Herrn Jesus willen.

Schlußgedanken
Du aber … jage nach der Gottesfurcht!

Du aber, o Mensch Gottes, fliehe diese Dinge,
jage aber nach Gerechtigkeit, Gottesfurcht,
Glauben, Liebe, Geduld, Sanftmut!
Kämpfe den guten Kampf des Glaubens …
(1Tim 6,11-12)

Am Ende unserer Betrachtungen soll ein persönliches Wort an meine Leser stehen. Lieber Bruder in Christus, liebe Schwester in Christus, aber auch du, der du womöglich erkannt hast, daß du noch gar keine echte Beziehung zu Jesus Christus hast: Laß dich ermutigen, den Herrn Jesus Christus zu suchen, wenn du von den ernsten Worten in diesem Buch aufgeschreckt oder überführt worden bist!

Vielleicht hat dieses Büchlein dir gezeigt, daß einiges, oder vielleicht Grundlegendes, in deinem geistlichen Leben nicht in Ordnung ist. Vielleicht ist dir zum ersten Mal bewußt geworden, in welchen herausfordernden Zeiten wir leben, und daß du ein oberflächliches, ichbezogenes Christenleben gelebt hast, das der Prüfung nicht standhält und den Herrn nicht ehrt.

Ich selbst muß bekennen, daß ich mich ebenfalls vor der Botschaft beugen muß, die ich niederschreiben durfte, und auch manchen Mangel in meinem geistlichen Leben vor Gott bringen muß. Ich fürchte, die allermeisten auch der echten, treuen Kinder Gottes sind nicht frei von Zügen der Verweltlichung, der fleischlichen Trägheit, von einem gewissen Mangel an Gottesfurcht.

Wie wunderbar ist es da, daß wir einen gnädigen, geduldigen, barmherzigen Herrn haben, der gerne bereit ist, unsere Übertretungen und unser Versagen zu vergeben und uns neu mit Gnade und Kraft auszurüsten.

Er schenkt auch denen neues Leben, die aufgrund einer falschen Evangeliumsverkündigung noch gar nie zur Neugeburt und zum ewigen Leben durchgedrungen waren. Wie wunderbar sind die Verheißungen aus Gottes Wort:

> *Wenn wir sagen, daß wir keine Sünde haben, so verführen wir uns selbst, und die Wahrheit ist nicht in uns.* ***Wenn wir aber unsere Sünden bekennen, so ist er treu und gerecht, daß er uns die Sünden vergibt und uns reinigt von aller Ungerechtigkeit.*** *(1Joh 1,8-9)*

> ***Sucht den HERRN, solange er zu finden ist; ruft ihn an, während er nahe ist! Der Gottlose verlasse seinen Weg und der Übeltäter seine Gedanken; und er kehre um zu dem HERRN, so wird er sich über ihn erbarmen, und zu unserem Gott, denn bei ihm ist viel Vergebung.*** *Denn meine Gedanken sind nicht eure Gedanken, und eure Wege sind nicht meine Wege, spricht der HERR; sondern so hoch der Himmel über der Erde ist, so viel höher sind meine Wege als eure Wege und meine Gedanken als eure Gedanken. (Jes 55,6-9)*

> *Denn ich weiß, was für Gedanken ich über euch habe, spricht der HERR, Gedanken des Friedens und nicht des Unheils, um euch eine Zukunft und eine Hoffnung zu geben. Und ihr werdet mich anrufen und hingehen und zu mir flehen, und ich will euch erhören;* ***ja, ihr werdet mich suchen und finden, wenn ihr von ganzem Herzen nach mir verlangen werdet; und ich werde mich von euch finden lassen, spricht der HERR.*** *(Jer 29,11-14)*

So wollen wir den Herrn suchen und Ihm ehrlich unser Abweichen und Versagen, unsere faulen Kompromisse, unsere Halbherzigkeit bekennen. Er wartet nur darauf und ist gerne bereit, uns zu vergeben und uns neu mit geistlicher Kraft und Glauben, mit Mut und Gottesfurcht auszurüsten, damit wir in diesen herausfordernden letzten Zeiten bestehen können – und mehr noch: damit wir Ihn als Überwinder ehren und Ihm reiche Frucht bringen können!

> ***Du aber, o Mensch Gottes, fliehe diese Dinge, jage aber nach Gerechtigkeit, Gottesfurcht, Glauben, Liebe, Geduld, Sanftmut! Kämpfe den guten Kampf des Glaubens;*** *ergreife das ewige Leben, zu dem du auch berufen bist und worüber du das gute Bekenntnis vor vielen Zeugen abgelegt hast. (1Tim 6,11-12)*

»*Du aber*« – so redet Gott zu dem Einzelnen, ruft ihn ganz persönlich. Auch wenn so viele neben uns den breiten, leichten Weg gehen, sind wir, die wir durch Gottes unbegreifliche Gnade aus der Welt herausgerufen wurden, heute herausgefordert, Gott treu zu sein. Gott selbst, unser Gott ruft uns zu: »*Du aber, o Mensch Gottes!*«

Es sind wenige, die Gottes Ruf in dieser Zeit hören und darauf antworten, aber jeder Einzelne ist vor seinem Gott verantwortlich. Wir können uns nicht auf den Weg der Masse berufen, dürfen uns nicht anpassen an die Irrwege einer verführten Namenschristenheit.

Wir können uns vielfach nicht einmal auf unsere Prediger und Führer verlassen, denn viele von ihnen sind ebenfalls vom Weg der Gottesfurcht und Heiligung abgewichen.

Wenn wir echt sind, wenn wir unseren Herrn Jesus Christus wirklich erkannt haben, dann sind wir persönlich herausgefordert, treu und gehorsam zu sein, das Böse zu fliehen, zu widerstehen, zu kämpfen. Wir dürfen bewußt den Weg der Treue, der Gottesfurcht, der Heiligung gehen, und der Herr wird uns beistehen und an Sein herrliches Ziel bringen.

> *Er selbst aber, der Gott des Friedens, heilige euch durch und durch, und euer ganzes [Wesen], der Geist, die Seele und der Leib, möge untadelig bewahrt werden bei der Wiederkunft unseres Herrn Jesus Christus! Treu ist er, der euch beruft; er wird es auch tun. (1Thess 5,23-24)*

Der Gott des Friedens aber, der unseren Herrn Jesus aus den Toten heraufgeführt hat, den großen Hirten der Schafe durch das Blut eines ewigen Bundes, er rüste euch völlig aus zu jedem guten Werk, damit ihr seinen Willen tut, indem er in euch das wirkt, was vor ihm wohlgefällig ist, durch Jesus Christus. Ihm sei die Ehre von Ewigkeit zu Ewigkeit! Amen. (Hebr 13,20-21)

Dem aber, der mächtig genug ist, euch ohne Straucheln zu bewahren und euch unsträflich, mit Freuden vor das Angesicht seiner Herrlichkeit zu stellen, dem allein weisen Gott, unserem Retter, gebührt Herrlichkeit und Majestät, Macht und Herrschaft jetzt und in alle Ewigkeit! Amen. (Jud 1,24-25)

Weitere Literatur

Überwinden

in Bedrängnissen und Ängsten

Rudolf Ebertshäuser, Hardcover A6, 84 Seiten, ISBN 978-3-9523896-2-1, Artikel-Nr.: 588 362

Wir alle erleben als Kinder Gottes immer wieder Bedrängnisse und Anfechtungen, Nöte und Ängste. Das gehört zum Leben des Glaubens dazu; unser himmlischer Vater hat es in Seiner Weisheit so geordnet, daß wir in dieser Welt noch solchen Herausforderungen ausgesetzt sind. Dieses kleine Büchlein enthält zwei biblische Betrachtungen, die uns im Umgang mit Bedrängnissen und Ängsten ermutigen und stärken sollen. Es ist ein Ausschnitt aus dem Buch »Auf dem Weg zur geistlichen Reife«

Auf dem Weg zur geistlichen Reife

Biblische Hilfen für unser geistliches Wachstum

Rudolf Ebertshäuser, Taschenbuch, 192 Seiten, Artikel-Nr.: 1057

Das geistliche Leben, das der Gläubige bei seiner Neugeburt aus dem Heiligen Geist empfangen hat, besitzt in sich die Fähigkeit und das Verlangen, zu wachsen und zur Reife, zum Fruchtbringen zu kommen. Leider gibt es in unserem Leben auch vieles, das dieses geistliche Wachstum hindert. Viele Kinder Gottes empfinden, daß sie nicht so geistlich wachsen, wie es sein sollte. Dieses Buch versucht darzustellen, was die Schriften des Neuen Testaments über unser geistliches Wachstum sagen. Es will den Weg zeigen, der uns zur geistlichen Reife führt. In der Auslegung der dafür wichtigen Bibelstellen versucht der Verfasser ganz praktische Hilfestellungen für unser Glaubenswachstum zu geben. Ein Buch, das in seiner klaren Orientierung an der biblischen Lehre hilfreiche Impulse zum geistlichen Wachstum geben kann – sowohl für jüngere als auch für ältere Kinder Gottes.

Gedanken über den Umgang mit der Zeit

John Grant, A5-Broschüre, 48 Seiten, ISBN 978-3-9523896-9-0,
Artikel-Nr.: 588 369

Der Autor John Grant richtet sich in kurzen und gut lesbaren Kapiteln vor allem an junge Christen. Zunächst stellt er anhand weniger Bibelstellen den hohen Wert der verfügbaren Zeit fest. Als Christen sind wir nicht frei in der Wahl unserer Freizeitbeschäftigung. Es ist Gott, der uns die Zeit zur Verfügung stellt. Weiter werden übliche Beschäftigungen von Jugendlichen aufgegriffen und im Zusammenhang mit Bibelworten betrachtet. Grant gelingt es hier, in einer weisen und liebevollen Art Kritik zu üben. Zuletzt gibt der Autor Ratschläge, wie die verfügbare freie Zeit sinnvoll genutzt werden kann. Er beantwortet die Frage „Wie kann die Schrift manche Gläubige nur so gefangen nehmen und faszinieren?" und stellt fest, dass die Faszination am Bibellesen mit der regelmäßigen Auseinandersetzung mit der Bibel zunimmt. Ein äußerst hilfreiches Heft, das möglichst viele junge und manche erfahrene Christen lesen sollten.

Gedanken über die Ehe

ohn Grant, A5-Broschüre, 56 Seiten, ISBN 978-3-9524214-5-1,
rtikel-Nr.: 588 375

Mit dieser Broschüre zum Thema Ehe möchte der Autor einer Generation, die sich mit zerstörerischen Elementen wie zum Beispiel Gender-mus und Feminismus herumschlagen muss, ganz neu Orientierung ieten: Wann werden zwei Menschen denn zu Mann und Frau? Braucht s eine offizielle Trauung? Sollte man nicht vor der Hochzeit ausprobieen können, ob man wirklich zusammen passt? Was ist, wenn die Liebe wischen zwei Eheleuten plötzlich erkaltet? Weshalb kann denn nicht ie Frau arbeiten gehen und der Mann den Haushalt führen? Zu solchen rundlegenden Fragen rund um das Thema Ehe gibt der Autor in dieer Broschüre aus der Serie „Alltag & Familie“ wertvolle Gedankenanstöe und Hilfestellungen, indem er grundlegende Wahrheiten aus Gottes Vort herausarbeitet und die Leser dazu ermuntert, ihre Ehe auf das feste undament der Schrift aufzubauen.

Gedanken über den Ehealltag

John Grant, A5-Broschüre, 48 Seiten, ISBN 978-3-9524214-6-8,
Artikel-Nr.: 588 376

Bei der Hochzeit versprechen sich ein Mann und eine Frau, einander treu zu sein, bis dass der Tod sie scheidet. Niemand wird die Aufrichtigkeit dieser Gefühle und Hoffnungen bezweifeln wollen. Warum sind dann Trennungen und Scheidungen auch in christlichen Kreisen so weit verbreitet? Unglückliche Ehepaare müssen feststellen, dass ihre anfänglich warmen Gefühle der Belastungsprobe des Ehealltags nicht standgehalten haben. In dieser Broschüre aus der Serie „Alltag & Familie" weist der Autor auf die Gefahrenpunkte hin, denen auch christliche Ehen im Alltag ausgesetzt sind, und zeigt, wo die Quelle zur Erneuerung und Vertiefung der Liebe in der Ehebeziehung zu finden ist. Er versteht es, grundlegende Wahrheiten und Prinzipien aus Gottes Wort herauszuarbeiten und die Leser dazu anzuregen, die Hilfe zur Überwindung von Schwierigkeiten im Ehealltag beim Herrn selbst zu suchen.